JN139257

敏感《HSP》な人や内向的な人がラクに生きるヒント

イルセ・サン
Ilse Sand

枇谷玲子 訳

Discover

あなたは敏感な人？　内向的な人？

この本のために、２つの診断テストを開発しました。

１つ目のテストで「どれぐらい敏感か」、２つ目のテストで「どれぐらい内向的／外向的か」が分かります。

ぜひ、診断テストを試してみてください。


ただし、これらのテストはあくまで自分を知るためのヒントでしかありません。

深刻に受け止めすぎないようにしてください。

テストの結果が、その人の性質を十分に表すわけではありませんし、人にはテストで測り切れない、さまざまな面があるはずです。

また、テストを受けた日の気分や状況によって結果は変わってきます。

Test 1

敏感度診断テスト

あなたもHSP（とても敏感な人）かもしれません

各質問項目に、点数を入れてください。

※『鈍感な世界に生きる敏感な人たち』（ディスカヴァー・2016年）には、48の項目の包括的なHSP自己診断テストが収録されています。

0点：当てはまらない
1点：ほとんど当てはまらない
2点：少し当てはまる
3点：ほぼ当てはまる
4点：完全に当てはまる

1

他の人より多くのエネルギーを費やして失敗を予想し、未然に措置をとろうとする

点

2

たまのちょっとしたケンカは、ガス抜きにちょうどいい

点

3

刺激をたくさん受けたら、一人になって、その刺激を整理する必要がある

点

4

周りで何が起こっていようと、元気いっぱいで機嫌がよいままだ

点

5

すぐに罪悪感を抱いてしまう

点

6

人との交流で疲れることはまずない。途中で輪から抜けて一人で休んだりせず、朝から晩まで楽しめる

点

7

他の人が気にならない光や香りにも、ひどくいら立たされる

点

8

物事をあるがままに受け入れられるので、滅多なことでは心配にならない

点

9

寒さや暑さを気にしないではいられない。温度を調節するか、席を変えたくなる

点

10

心の準備なしに、新しいことにチャレンジするのが好きだ

点

11

世間話より、信頼関係に基づく、深くて意義のある会話のほうが好きだ

点

12

緊張感があるなかで仕事をするのが好きだ

点

13

他の人に対し不器用な態度をとってしまい、それで相手が悲しそうにしていたら、強い罪悪感を覚えて、そのことがしばらく頭から離れない

点

14

物事がうまくいかない原因の大半は、その人自身にあると思う

点

15

猛烈な暑さのなかスコップで土を掘り起こしたり、防音具なしに騒がしい環境下で作業したりするなど、不快そうな仕事をしている人を見ると、自分まで辛くなる

点

16

夜はぐっすり眠れて、光や音のせいで途中、目を覚ますことはほとんどない

点

17

私はすぐにインスピレーションを得て、よいアイディアを次々思いつける

点

19

静寂のなか自然散策すると気分がよくなる

点

＝

奇数の質問

グループA

合計

点

18

他の人がペットをどう扱おうが、私が知ったことではない。責任は飼い主たちにあるのであって、私にはない

点

20

好き嫌いなく、何でも食べる

点

＝

偶数の質問

グループB

合計

点

算出方法

Step1

グループAとグループBのそれぞれの合計を計算してください。

たとえばグループAの質問すべての答えが1なら合計は10点、
すべての答えが2なら、合計は20点になります。

Step2

グループAの合計からグループBの合計を引いてください。これがあなたの敏感度の値です。

たとえばグループAの合計が9点で、グループBの合計が
11点なら、9－11＝－2点なので、敏感度の値は－2です。

グループA		グループB		敏感度
合計　　点	－	合計　　点	＝	点

Step3

値が出たら、下のグラフに印を書き入れてみてください。数字が大きければ大きいほど、敏感ということになります。数字が0かその周辺なら、適度に敏感です。

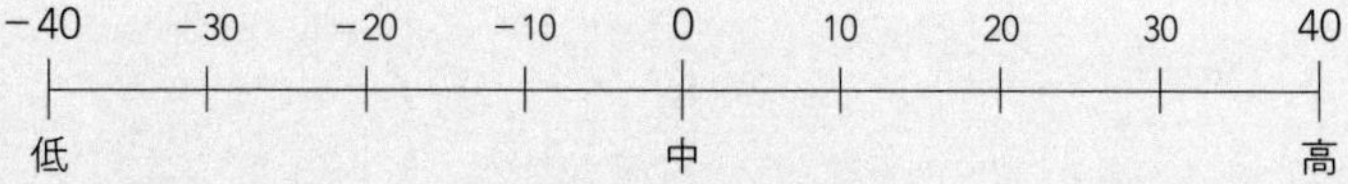

Test 2

内向度／外向度診断テスト

あなたはどれぐらい内向的／外向的でしょう？
各質問項目に、点数を入れてください。

0点：当てはまらない
1点：ほとんど当てはまらない
2点：少し当てはまる
3点：ほぼ当てはまる
4点：完全に当てはまる

1
周りの人たちが、せわしなくしている場所にいるより、一人で落ち着いて静かにしているほうが好き
点

2
議論で会話のキャッチボールがテンポよく行われ、異なる意見が聞けると、気分がとてもハイになる
点

3

特定の人と仲良くするタイプだ。一部の仲の良い人と一緒にいるときは、すごく楽しめる。それ以外のときは、他の人と一緒にいるより、一人でいるほうが好き

点

4

さまざまな人と出会えるチャンスがあるので、大規模なパーティーや宴会に参加するのは好きだ

点

5

よく他人から引っ込み思案と言われる

点

6

物事を受け流すタイプで、滅多なことでは悩まない

点

7

世間話は疲れる

点

8

あらかじめ何を話そうか決めておく必要はない。話しながら、考えが浮かんでくる

点

9

仕事をしているところを見られるのが好きじゃない

点

10

周りで何も起きなさすぎると、くたびれてしまう。エネルギーを取り戻すには、仲間が欠かせない

点

11

パーティーは、段取りや予定を前もって知らせてほしい。予定通りにいかなくても、おおまかに何をするのか分かると助かる

点

13

自分はたいてい静かで落ち着いた調子で話し、声のトーンが上がることは滅多にない

点

15

持っている知識は、広くはないが深い。詳しいテーマが1～3個ぐらいある

点

17

あまりに多くの刺激を受けたら、一人になって考える時間が必要だ

点

12

とくに前もって準備せずに、新たなチャレンジをするのが好きだ

点

14

退屈しないためにいろいろと努力している。ぎゅうぎゅうに予定を入れるようにしている

点

16

パーティーではいつも最後のほうに帰る

点

18

何か行動したり、人と交流したりすると、元気がでてくる。わくわくすることが起きているとき、あまり疲れを感じない

点

19

考えすぎと言われたことがある

点

20

大勢と話すときも、受け身になることは滅多にない。知らない人ばかりでも、すぐに話に割って入れる

点

21

何が真実で何が正しいのかについて、自分の価値基準と社会通念が一致しないとき、自分の論理や直感を優先しがち

点

22

バス停などで知らない人とよく話をする

点

23

毎日必ず一人の時間を持つことが、自分にとっては大事だ

点

24

たとえ誰かが何か言おうとしていても、一度アイディアが浮かぶと、自分の意見を言わずにはいられないことがたまにある

点

25

一度に複数の人と関わらなくてはならないときは、緊張してしまう

点

26

周りで起きていることに注目し、関心を持つあまり、睡眠や食事などの欲求を忘れてしまうことがある

点

27

自分の誕生日に授業などがあって、とくに親しくない人といるときは、注目を浴びたくないので、誰にも誕生日と気づいてほしくない

点

29

大人数で話すより、一対一で話すほうが好きだ

点

31

なにかの答えを探すとき、外に答えを求めるのではなく、自分の気持ちや直感などの心の声に耳を傾ける

点

＝

奇数の質問
グループA

合計　　点

28

おめでたい日に予定を入れられなかったとき、友人がサプライズ・パーティーを計画してくれていると気づいたら、嬉しくなる

点

30

新しいコミュニティに入っても、人間関係に自然となじめる

点

32

他の人の意見や活動を聞くのが好き。静かすぎるよりは、ワイワイガヤガヤしているほうがいい

点

＝

偶数の質問
グループB

合計　　点

算出方法

Step1

グループAとグループBのそれぞれの合計を計算してください。

たとえばグループAの質問すべての答えが1なら合計は16点、
すべての答えが2なら、合計は32点になります。

Step2

グループAの合計からグループBの合計を引いてください。これがあなたの内向度／外向度の値です。

たとえばグループAの合計が28点で、グループBの合計が
14点なら、28 − 14 = 14なので、内向度／外向度の値は14です。

グループA		グループB		内向度／外向度
合計　　　点	−	合計　　　点	＝	点

Step3

値が出たら、下のグラフに印を書き入れてみてください。
値がプラスなら「内向的」です。
値が大きければ大きいほど、内向度が高いと言えます。
値がマイナスなら「外向的」です。
数字が0かその周辺なら、「両向的」です。

−64	−50	−40	−30	−20	−10	0	10	20	30	40	50	64
外向的						両向的						内向的

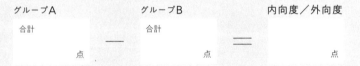

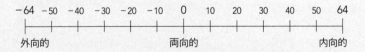

はじめに

敏感な人や内向的な人がこの世界で「自分らしくありたい」と声を上げはじめている

とても敏感な人（HSP：Highly Sensitive Person）は5人に1人、内向的な人は2、3人に1人いるとされています。

この数字を見てもわかるとおり、実は敏感な人や内向的な人は大勢います。自分自身がそうであるとか、家族、友人、同僚に思い当たる人がいる、という方がほとんどではないでしょうか。

著者である私も〝内向的なHSP〟です。自身の経験を生かして、心理療法士として長年敏感な人や内向的な人のケアをしてきました。

私は、敏感であることや内向的であることが、近い将来市民権を得て認められるよ

うになるのではないかと期待しています。またその変化を少しずつ感じています。

もちろん、それでも多くの人が今でも、労働市場で活躍できるチャンスが減るのを危惧して、自分が敏感であったり内向的であったりすることを公にするのをためらっています。

今の社会のなかでは、控えめで集団の中心から外れて狭く深い人間関係を築こうとする人よりも、多くの人と積極的に関わる外向的な人のほうが評価されやすいのが現実です。そのようななかで生きていかねばならぬ困難さを感じている人も少なくないでしょう。


しかし、実際には、敏感な人や内向的な人の多くは、能力が高く、さまざまな才能を持っています。物事を深く多角的に考える力や、相手の気持ちを察して気配りできる力があり、想像力が豊かでクリエイティブな才能に恵まれているなど、たくさんあります。

自分の敏感さや内向性をポジティブに受け止め、堂々と思考やアイディアを伸ばしていっている人も増えてきています。

たとえば、敏感な人や内向的な人は、新たな可能性や大小さまざまな問題の解決策を思いつくのが上手です。

どんな失敗が起こりうるのか予想するのも得意で、「どんなときも物事をポジティブにとらえなくてはならない」とか、「まだ起きてもいないことを心配すべきではない」という世間の声をもはや鵜呑みにはしません。こうした力は、ときに大きな成果を生みだします。

私たちが、敏感で内向的な自分を受け入れて、自分の特性を生かせば、それは他人の見本となって水面の輪のように広がっていきます。自分に自信を持てるようになった人の多くは、萎縮したり、自分を恥じたりすることなく、社会にいられるようになるでしょう。

敏感な人や内向的な人たちの一部は、インターネットやソーシャルメディア上で、またときに現実世界でもグループを形成し、困難を乗り越えるにはどうしたらいいか、アドバイスを共有し合っています。

たとえば、これまでは敏感な人や内向的な人は、仕事で困難を抱えたら、他の人より長いあいだ心のなかで葛藤し、会社を辞めてしまう傾向がありました。しかし最近では、辞める選択をする前に、直属の上司に相談し、それでも分かってもらえないときには、さらに上の上司にまで相談するようになりました。

私は、こうした進化は続くと思っています。そして、敏感な人や内向的な人が、自分が生きやすいように人生をコントロールするのが上手になればなるほど、世のなかはその人々の才能という恩恵を受けられるのです。

私の著書『鈍感な世界に生きる敏感な人たち』（ディスカヴァー）は、多くの国でベストセラーになりました。

私は心理療法の現場で、大勢のとても敏感な人や内向的な人の話を聞き、またこのテーマについて講演活動も行ってきました。

それをもとに、敏感な人や内向的な人向けに本書を書きました。加えて、ストレスやトラウマ、燃えつき症候群やその他の理由から〝一時的に敏感にならざるをえない人〟にも、この本のアドバイスやヒントは役立つでしょう。

プロローグでは、ＨＳＰとはどんな気質なのか、内向的な人というのがどんなタイプなのかを書きました。

ラクに生きるヒント１～６では、敏感な人や内向的な人が過度な刺激から自分を守り、自らの心に寄り添い、自分らしく社交を楽しみ、日々に喜びや意義を見いだす方法について、具体的な提案をしています。

また、巻頭付録として、敏感度や内向度／外向度が調べられる診断テストも用意しました。

世のなかには、さまざまなタイプの人がいるので、すべての項目に当てはまる人などいるわけがありません。当てはまると思う項目もあれば、まったく当てはまらない項目もあるでしょう。

ですが、たとえあなたがどのタイプにも完全には当てはまらなかったとしても、この本にあるアドバイスやヒントを実践することで、生きやすくなったり、喜びを感じられたりするに違いありません。

私はこの本を書くに当たり、不必要な情報は入れず、簡潔で分かりやすい言葉を使うよう心がけました。

専門家以外の読者にも配慮し、具体例をできるだけ多く入れました。一方で、教育現場で使いやすいように考えて書いた箇所も一部あります。

牧師や心理療法士として長年見聞きしてきた状況や話も入れましたが、実名は伏せ、当事者の許可を得た上で載せるようにしました。

これまで世のなかに蔓延していた〝異質なもの〟への恐怖は、「人間のあり方や行動には多様性があり、それぞれの人が自分らしく生きるのは素晴らしいことである」という認識に、いつか取って代わられていくでしょう。

そして、「敏感であろうと活発であろうと、男性だろうと女性だろうと、国籍・出自にかかわらず、誰しもが等しく価値がある」という認識が、世のなかに広まっていきますように。

デンマーク・ラディングより　イルセ・サン

Introvert eller særligt sensitiv
– guide til grænser, glæde og mening
(On Being an Introvert or Highly Sensitive Person)
Copyright © Ilse Sand 2017

敏感な人や内向的な人がラクに生きるヒント　もくじ

ラクに生きるヒント―1

過度な刺激から自分を守る

ラクに生きるヒント―4

不快なコミュニケーションを回避する　114

プロローグ

〝敏感な人〟と〝内向的な人〟の特徴

敏感な人と内向的な人の特徴は似ており、どちらも物事を深く考え、狭く深い人間関係を築き、目立つことが苦手で控えめな言動をする人が多く見受けられます。

敏感な人や内向的な人の定義については見解がさまざまですが、敏感な人は、五感から入ってきた刺激や、思考など自分の内側の刺激に対する感受性が高いことが特徴とされています。

一方の内向的な人の特徴については、あまり社交的ではないことや関心が社会や他人などの外側の世界よりも、自分の内面や物事の真理などに向かいやすいことが挙げられます。

自分や相手のタイプがわかれば、ラクになる

人をタイプ別に分けて、書かれた説明に100%ぴたりと当てはまる人はいないでしょう。どの人もそこに書かれているより、ずっと多くの特徴を備えているはずですし、その先の人生で成長していくにつれて変わっていくはずです。

しかしながら、どんなタイプなのかを知ることは、自分自身や他の人を理解する助けにはなります。

自分とは異なるタイプの人の特徴を知ることで、この世界にこんな多様な考え方や生き方があるとも気づかされますし、そして何より、他の人が自分と別の反応を示すのは、相手や自分に問題があるからではないということもわかるはずです。

相手とあなたはたんにタイプが違うだけ。どちらもそのままでいていいのです。

内向性とはなにか

1921年、スイスの精神科医、C・G・ユングがはじめて、内向的な性格や外向的性格について体系的な説明をしました。

それ以来、内向的な人はどれくらいの割合いるのか、さまざまな研究がなされましたが、その数値はばらばらです。おそらく、人口の30〜50%は内向的な人だろうとされています。

内向的、外向的というのは、二者択一のものではありません。ほとんどの人が両方の性質を持っています。「100%完全に内向的」もしくは「100%完全に外向的」という人はいません。いたとしたら、その人は狂人でしょう、とC・G・ユングは書いています。

巻頭の「内向度／外向度診断テスト」でご覧いただいたグラフ（P.13）のように、内向度と外向度の割合は人それぞれです。一部には中間に位置する人もいます。そういう人を「両向的」と言います。

内向的／外向的の度合いは、人生のステージや日によっても、変わってきます。時期をずらし、繰り返しこのテストを受けてみると、結果は毎回変わってくるでしょう。たとえば「極度に外向的」という結果が出た人が、次にテストしたとき、「極度に内向的」という結果を出すことは滅多にありません。でも、それまでずっと「内向的」という結果がでていたのに、人生に転機が訪れ、「極度に内向的」へと変動することはありえます。

さらに、もし内向的であっても、必要なときには、外向的にふるまうことだってできる人もいるでしょう。でも、それが長時間にも及ぶと、きっとあとでどっと疲れてしまいそうですが。

相手を内向的か外向的か見極めたい場合、次のような質問をすることがあります。

「元気を出そうとするとき、一人になるタイプ？　それとも、人と一緒にいたいタイプ？」

つまり、疲れたと感じるとき、一人でいようとするか、人と会おうとするかを考えてみて、一人でいたいなら、それは内向的なタイプと言えます。

ですが、とても内向的な人だって、ときどきは人と一緒にいる時間が必要になるときもあります。しばらく一人で過ごしたあとなら、誰かに会ってエネルギーを得られることもあるのです。

また、はじめに触れたユングは、内向的なタイプと外向的なタイプをまったく別個のものとしました。

ユングによれば、特別に外向的な人の特徴は、外部の物質的な世界、つまり外の世界の人や活動に興味があるところだそうです。

一方、内向的な人は自分や他の人たちの内面、つまり、体験・思考・夢・願い・空想などに興味があるのが特徴としています。外の世界に夢中になる代わりに、外の世界で起きていることが自分自身にどんな影響をもたらしているかを感じ取り、外の世界の出来事の意味を見いだそうとするのです。

ユングのこの分類をもとに、内向的な人か外向的な人か見極めるための質問をするならば、おそらくこんな風になるでしょう。

「あなたは決断するとき、他の人の経験や客観的な事実を主な判断基準にしますか？　それとも、自分の経験に基づいた善や真実に対する心の声を重要視しますか？」

内向的な人にとって重要なのは、〝自分が正しいと思って決断を下す〟ことです。これは自分以外からの情報を手に入れようとしないのとは違います。何をするのがよいか、自分自身の経験から、最終的な決断を導きだすことが大事ということです。

何か決断する際には、もちろん必要な情報を外からも得ようとします。ただ、私にはひっそりと落ち着ける時間と環境が必要です。できることなら、私は大きな決断をするには、最低でも二日は、一人で自然のなかで散歩したりする時間が必要です。

そうしているうちに運がよければ、どの道を進むべきか、ひらめくのです。

——プレーベン（45歳）

あなたが内向的なら、次の文章のほとんどに「いいえ」と答えるでしょう

・パーティーのない週末なんて楽しくないし、せっかくの日曜の夜が台無しだ
・どんな事柄も少しずつ知るのは好きだけど、一つのテーマについて長時間、じっくり取り組むとなると、退屈してしまう
・スリル満点なのが大好き。まったくはじめての体験でも、あまり深く考えずに喜んでチャレンジする
・話をしているときが一番考えやすい
・退屈しないようにするのに、すごく努力が必要。少し入れすぎなぐらい予定を入れて、常に忙しくしていたい

あなたが内向的なら、次の文章のほとんどに「はい」と答えるでしょう

・大勢の前で発表しなくてはならないときは、
できればしっかり準備したい
・何が正しくて何が真実なのかについて、
自分の経験から学んだ考えと、世間一般の常識が食い違う場合は、
たいてい自分自身の論理や感覚に耳を傾けるようにしている
・他の人から「考えすぎ」とよく言われる
・自分が外向的になるのは、限られた場面だけだ。
人と一緒にいるとき、すごく楽しめる場合もあるけれど、
ふだんは一人でいるほうが好きだ
・周りであまり多くの出来事が起きると、疲れてしまう。
できれば静かに一人で休ませてもらうか、
気心の知れた人と一緒にいたい

内向的な人の特徴①

狭く深い人間関係を好む

内向的な人は表面的なつき合いをあまり好まない場合が多いのです。

たとえば私は、バス停で待っているとき、他に待っている人と会話するより、考え事をするほうが好きです。でも自分にとって意味がある話題なら、知らない人とでも話すことができます。

私は自分の本を外国の出版社に売り込むうちに、他国の文化に関心を持つようになりました。そのため、エキゾチックな外見の人を見たり、エキゾチックななまりで話す声が聞こえたりすると、すぐその方向に歩いていくようになりました――セミナー会場であろうと、バドミントンクラブであろうと、バス停であろうと。

そういうときには、「恥ずかしくてコミュニケーションをとれない」とは、まったく思わないのです。相手に声をかけると、簡単な自己紹介をして、手短な話をします。

そのおかげで、とてもよい出会いに巡り合えたこともありましたし、素晴らしい経験につながりました。

そのため、内向的な人はふだんから慣れ親しんだやり方だけでなく、たまにはあえて別のやり方で人と交流してみるのもおすすめです。

ただ、実際には、外向的な人の得意領域に、内向的な人が足を踏み入れても、努力が実を結ぶことはそれほど多くありません。内向的な人が外向的な人と同じやり方をしようとすると、エネルギーを消耗し、すぐに疲れてしまいます。


パーティーでドリンク片手に、天気の話をする。

これは、外向的な人にとっては何てことない行為なのでしょう。でも私にとっては大変なことでした。

外向的な人が他の人と軽い会話をして生き生きしているのを目にすると、私はますます気疲れして、深い話ができそうな相手をつい探してしまいます。それは元気を取り戻すために、私にとって必要なことなのです。

——ラース（47歳）

このため、内向的な人は、外向的な人ほど友人が多くありません。ですが、思いやりのある友人に恵まれています。外向的な人にはパーティーに招待してくれる友人がたくさんいますが、内向的な人には、きちんと思いやりを示してくれる友人が多いのです。

私は友人から長いあいだ連絡が来ないと、心配になって、メールで様子を探ります。

返ってきた答えからあまり元気じゃなさそうだと感じると、「私に何かできることはない？」と尋ねるようにしています。

――ソフィー（31歳）

内向的な人の特徴②

集団行動が苦手

内向的な人は、集団行動には身が入らず、できれば一人で行動したいと思うことが多いのです。

スポーツでいえば、ハンドボールやサッカーのようなチーム・スポーツが好きでなく、個人技やバドミントンやヨガ、アスレチックなどの少人数制のスポーツなら、それほど負担にならないでしょう。

外向的な人は、オフィスでさまざまな人とこまめにコミュニケーションをとります。一方、内向的な人の多くは、職場では静かに仕事したいと思っています。他の人が電話で話していると、気が散ったり、ひどくいら立ったりしてしまいます。内向的な人は、落ち着いた環境で、誰からも邪魔されず、深く集中し、完全なフロー状態になれるとき、最高の結果を残せるのです。

外向的な人は、話をしながら考えられる人が多いのに対し、内向的な人は経験したことや他の人と話したことについて深く考えるために、いったん一人になる必要があります。

外向的な人が話をしながら、あれこれ考えられるのはすごいことだと思います。私は、会話の途中で新たなインスピレーションを得たとしても、最終的な結論をだす際には、一人になる必要があるからです。

内向的な人は一人の時間を楽しむことができますし、一人きりや、うるさくない人と二人で一緒に、自然のなかに出かけていくのが好きな場合も多いのです。でも一緒にいる相手と常に交流していなくてはならないとなると、たちまちくたびれてしまいます。

内面世界に土足で足を踏み入れられないような形で、他の人と一緒にいるのは好きです。

私は、本やタブレット、コーヒーを小さなサイドテーブルに置き、恋人とソファの端と端に座ってだらだらするのが好きです。恋人の足の温もりを感じると幸せな気分になれますし、一緒の時を過ごしながらも、自分が今夢中になっていることに没頭できる状況が心地よく思えるのです。

内向的な人の特徴③

人前で話すのが苦手

考えていることが賢明で適切かどうか自信が持てなくて、他の人に自分の考えを伝えることができなかった経験はないでしょうか。多くの内向的な人が、こうした悩みを打ち明けてくれます。

さらに、内向的な人は、注目を浴びようとせず、激しい身振り手振りもせずに、落ち着いて話す場合が多いのです。しかし、そのせいで存在を忘れられがちです。

「自分が発言したときには耳を傾けてもらえなかったのに、他の人がまったく同じことを大声で堂々と言ったら、拍手で受け入れられた」という経験を口にする人が多くいます。

――パニッレ（27歳）

もし、自分の発言が真剣に受け止められないと思ったことがあるのなら、それは必ずしもあなたの発言が的外れだったり、ばかばかしかったり、正しくなかったからではありません。私たちの生きる社会では、外向的な人が意見を聞いてもらいやすい、ただそれだけの話です。

私は、雄弁で自信に満ち溢れた人たちの話を聞くと、一瞬、それが自分も知っていることだったり、できることだったりするのも忘れて、すっかり感動してしまうことがあります。

でも、家に戻って、その雄弁な人たちが言っていたことをよくよく考えると、どこかで聞いたことのあるような話を言い方を変えてしていただけだと気づかされます。自分の胸の奥に熱く秘めた思いのほうがむしろ、ずっと独創的で、考え抜かれてさえいるとも。

内向的な人が、ただしゃべりたいがために何でもいいからとりあえず発言することはまずありませんし、ただ話し相手がほしいだけで、他の人と一緒にいたいとは思わないでしょう。

しかし、けっして人と話すのが嫌い、というわけではありません。より緊密な信頼関係や共通の関心事項があれば、その相手と話すことを楽しめます。


私はふだん引っ込み思案で、あまりしゃべりませんが、興味のあることがあれば話しますし、長く話し続けることも可能です。

興味のあるテーマについて、他の人と知識を教え合うのが好きです。テーマに十分、興味があるなら、ちっとも引っ込み思案になりませんし、自分の知識を相手に伝えたり、質問したり、口が止まりません。

——イェスパー（33歳）

また、内向的な人の多くは、大勢の注目を浴びるのがとくに苦手だったりします。

私も発表の場に立たなくてはならないときには、胸がドキドキして、自分の話をするだけなのに、言葉が出てこなくなっていました。

ですが時が経つにつれ、100人以上の人の前でも楽しんで話せるようになりました。はじめは少し緊張しましたが、その分、ゆっくりと真心をこめて話します。慣れてくると、自分が好きなことを話せる場があることを楽しめるようにさえなりました。

内向的な人でも、練習すれば、人前で話すのが上手になれるのです。もしも心からそれを望み、努力を続けるのであれば、いつの間にか慣れ、安心感を抱けるようになるでしょう。

ただし準備は欠かせません。徹底的に準備しないと、大勢の人の前で落ち着いて話をするなど、到底、無理です。

また、一日に何度も講演するのも不可能です。講演の前には、一人で休む必要がありますし、講演が終わったあとは、ひどく疲れてしまい、その日はそれ以上、外向的にふるまうエネルギーは残っていません。

敏感な人（HSP）の特徴

感受性が高い

アメリカの心理学者で研究者のエレイン・アーロンは、今から20年以上前に、HSPの特性を説明しました。それ以来、多くの書籍でHSPが取り上げられてきました。HSPへの世間の関心は高いのです。

とても敏感な人には、内向的な性格の特徴の大半が当てはまるはずです。人生や自分自身についてさまざまな考えを巡らせ、一人になる時間が必要で、入念に事前準備をしたがり、争いを好みません。創造力や思いやりに溢れ、共感力がある場合が多いのです。

HSPに詳しい人は、ここまでで、HSPと内向的な人のあいだに、たくさんの共通点があることに気づき、「HSPと内向的な人に違いなんてあるの？」と思うかもしれません。

内向的な人の多くは、HSPです。でも内向的な人がみな、HSPなわけではありません。前述の通り、HSPは全人口の15〜20％しかいないと考えられる一方で、内向的な人は30～50％もいるという事実だけを見ても、〝内向的だけれど、HSPでない人〟がいることは明らかです。

その逆に、HSPであれば誰もが内向的かというとそうではありません。

HSPは、人生や自分自身について深く考え、外の世界で生きていく上で、自身の心の声に耳を傾け、大小さまざまな答えを探すという点では、内向的です。

しかし、HSPの30％は社交的で、友人が多く、集団行動が好きで、知らない人といるのを好むという意味では、外向的とも言えます。

エレイン・アーロンによると、この30％の〝外向的なHSP〟は、全寮制の学校やシェアハウスで過ごしたり、大家族で育ったりした経験を持つ場合が多いようです。そのためそういう人たちは、大勢でいるときのほうが落ち着きます。

HSPは、刺激に対する特別な感受性を持ち合わせています。すなわち、HSPは五感などを通じて自分に入ってくる刺激に大きな影響を受けるのです。

これは喜びと苦しみの両方をもたらします。たとえば音やにおい、光、寒さ、暑さなどを、他の人より不快に感じやすくなり、その逆に、香り、美しい景色、優しくなでられる感触、すてきな音楽といったよい刺激も感じやすいのです。

ただし、知覚が敏感すぎること自体は、他の多くの人にも共通して見られる特徴です。

自閉症の人は、比較的敏感であることが多いですし、同じことが心的外傷後ストレス障害（PTSD）*の人にも言えます。【*PTSD（Post Traumatic Stress Disorder）は、深刻なトラウマにより引き起こされる精神障害。たとえば、戦争、強姦、強盗、無力感、命の危険にさらされたり、他の人の死を目撃したりしたトラウマなどにより生じます。PTSDになると、警戒心がひどく強くなり、神経が非常に過敏になります。】脳震盪《のうしんとう》や睡眠不足、ストレスなどで、余計に敏感になることもあります。

また、内向的な人も、受け取った刺激や情報を処理するのに時間が必要な場合が多いのです。

ひょっとしたら他の人から、「考えすぎ」「もっと人生を楽に生きたほうがいい」と言われたことがあるかもしれません。

私は新しい経験をしたあと、その刺激や情報を一人で処理するのが好きです。新しい体験が過去の体験とどうつながっているのか、知りたいのです。まるで心のなかに、世界や自分自身についての大きな心の地図があるかのようです。

私は自分自身も、自分の世界観をも揺さぶられるような新しい体験をするたび、心の地図のあらゆる箇所が意識に現れ、心のライブラリが一定期間、常に満杯になるような感覚を覚えました。

そんなときも、私はかなりの時間を一人で過ごす必要があります。友人たちがときどき私を心配してきます。一人で新しい刺激を処理しているときの私は、憂鬱そうに見えるようなのです。

でも私はたんに、ときどき一人で自然のなかをゆっくり散歩したいだけなのです。そうすると世界について、また私自身について理解を深められ、何もかもがすとんと腑に落ちるでしょう。

――シーモン（38歳）

あなたがHSPなら、次の文章の大半に「いいえ」と答えるでしょう

・職場で年に一度のクリスマス・ディナーは、少なくとも半日はしてほしい
・何が起きるか事前に知らされない エキサイティングな体験ツアーが大好きだ
・何でも食べる。味に敏感でも偏食でもない
・夜の眠りが深く、光も音も気にならない
・ちょっとした諍《いさか》いは、新鮮味が増すのでよいと思う
・さまざまな活動が一度に行われる環境で快適に過ごせる

あなたがHSPなら、次の文章の大半に「はい」と答えるでしょう

・他の人が苦しんでいるのを見たり聞いたりすると、しばらく動揺してしまう
・すぐに罪悪感を覚える
・私はとてもクリエイティブで想像力豊かだ

・他の人があまり気にしない音やにおいがよく気になる
・寒すぎるか暑すぎると、気にせずにはいられず、温度を調整するか、別の場所に行く必要がある
・争いごとが好きじゃない

＊巻頭に、もっと詳細な敏感度診断テストがあります。

ＨＳＰと一口に言っても、人によりかなり特性が異なります。

たとえば私は強い光はとくに問題ありませんが、苦手な音が耳に飛び込んでくると、ときにひどく取り乱してしまいます。

自分ではまったく自覚していないのに、実はとても敏感な人もいます。ＨＳＰはクリエイティブな人が多いとされていますが、そうではない人もいます。たとえ自分でクリエイティブだと思っていても、それがたしかとは限りません。また実際はクリエイティブだけれど、クリエイティビティを発揮する機会がなかっただけ、という場合もあります。

ＨＳＰの多くは、他の人が耐えられる、もしくは実行できることを自分もしなくては、と躍起になるあまり、刺激を受けすぎてしまいます。

インスピレーションを得るには、集中し、落ち着ける時間と環境が必要です。


このような特定の感度を持つ人たちを理解するには、「高反応気質」について発見をしたアメリカの著名な研究者、ジェローム・ケーガンについて知る必要があります。エレイン・アーロンの研究の大部分は、このケーガンの研究結果に基づいています。

たとえばアーロンはとても敏感な子ども（ＨＳＣ：Highly Sensitive Child）は、通常の落ち着いた状況であれば、他の子より共感力があり、うまく世渡りできるとしており、これは、ケーガンによる「高反応気質」の子どもの行動についての研究を参考にしています。つまり高反応気質の子どもがＨＳＣということもありえるのです。

アーロンはケーガンが発見した「高反応気質」の子どもや大人はＨＳＰだと言いました。アーロンは、ＨＳＰと同じ気質に、ケーガンが別の名前をつけただけのこと、としています。

ケーガンはケーガンで、自分が言う「高反応気質」の若者と、ユングの言う内向的な人には類似点がある、と複数の著作のなかで明言しています。

『The Long Shadow of Temperament（気質の長い影）』*（Belknap Press, 2004）でケーガンは次のように言っています。［*Kagan, Jerome & Snidman, Nancy "The Long Shadow of Temperament" 2004, 218page. 著者による翻訳］

「75年以上前、カール・ユングが遺した内向的な人、外向的な人についての記述は、私たちの言うところの高反応気質の10代や低反応気質の10代と、驚くほど、ぴったり一致しています」

ケーガンが言う「高反応気質」と、HSPや内向性のあいだに強い関連があり、類似性もあるということは明らかです。私は自分に、ケーガンの言う「高反応気質」を容易に見いだすことができます。私はすぐにびっくりしますし、あまり考えずに新たなことにチャレンジする勇気はありません。

私は、自分が内向的だと認識した数年後に、はじめてエレイン・アーロンのHSP研究を知りました。今、私は自分のことを内向的であり、HSPでもあると解釈しています。

HSPや内向性は遺伝によるものなのか

ユングは、人は内向的または外向的な性格のどちらかになりやすい資質を備えて生まれてくる、としています。

ケーガンは、高反応気質になるのは、遺伝によるものなのか、それとも環境によるものなのかを研究しました。

ケーガンは当初、人間の気質には、遺伝より環境のほうがずっと強い影響を及ぼすと確信していました。ところが研究が進むにつれ、遺伝の影響力の大きさに気づかされたのです。

１９８９年、ケーガンは４カ月の乳児を５００人集め、その子たちに嗅いだことのないにおいを嗅がせたり、それまで見たことのない混沌とした景色を見せたり、聞き覚えのない声や風船が割れる音を聞かせたりして刺激を与えました。

すると、5人に1人が、はじめて経験する刺激に取り乱しました。不安になって、腕をばたつかせ、叫んだのです。残りの4人は平静なままでした。

ケーガンはそれらの子どもたちが2・4・7・11歳になった時点で再び集めました。すると4カ月のとき取り乱した子どもたちが、再び激しい反応を示しました。はじめケーガンはこれらの子どもたちのことを、他の子と比べ、引っ込み思案で慎重であることから、〝抑制された〟子どもと呼びました。そして、のちに〝高反応〟という呼称を思いつきました。これは幼児の不安の原因となる、強力な心の反応を指します。

ただ子どもの成長に伴い年々、そのような心の反応が見られなくなることもあります。外から見える特徴としては、おとなしく、引っ込み思案で、すぐに考えこんだり、泣きだしたりする点が挙げられます。ジェローム・ケーガンの研究は、十分な根拠に基づいており、学会からもお墨つきをもらっています。

もちろん環境によって、遺伝的な気質とは別の気質が伸ばされることはありえます。

アーロンも、HSPの気質は生まれ持ったものであることが多いけれど、トラウマなどによってその気質がでてくることもある、としています。

たとえば、外向的な気質を持って生まれたものの、トラウマを抱いたり、子ども時代にひどい扱いを受けたりすれば、他人を恐れたり、自分を守るために内向的な人生を生きる選択をすることもありえます。

逆に、内向的な気質を持って生まれたとしても、ごく幼い段階で、両親に深く愛されていると気づくことで、外向的にふるまうようになることもあるでしょう。

しかし、生まれもった気質と異なる気質を伸ばすことには、何かしらのリスクは伴います。『タイプ論』でユングは以下のように述べています。

「外的因子によって性格が少し変わると、その人はあとで非常に神経過敏になる。その治癒は個人の資質と自然に合致するよう、その人の資質を伸ばすことによってのみ可能である」

「人の性格が先天的なものなのか、環境によるものなのか、どうしたら分かるの？」とよく聞かれます。

性格は遺伝と環境の両方に左右されますし、どちらの影響が大きいのか、一面だけを見て判断するのは不可能です。

もしも、外部からの影響を受け、本来の自分より内向的または外向的になったと感じるのであれば、真逆のライフスタイルをあえて送ることで、人生の満足度が上がるかどうか試してみるとよいでしょう。

もしくは、自分の家族に注目してみることで、自分の性格のどれぐらいが遺伝によるものなのか、知る手がかりをつかめるかもしれません。

両親の片方または双方が、ＨＳＰまたは内向的であるのなら、その性格は遺伝によるものである可能性が高いでしょう。

ですが、もし生まれ育った家で、自分だけＨＳＰまたは内向的であるのなら、環境が大きく影響していると考えられます。ひょっとしたらその要因が、子ども時代に隠れているかもしれません。もしくは、もう覚えてはいなくても、トラウマを抱いてしまうほどのショッキングな出来事があったのかもしれません。

子ども時代に過度なストレスにさらされたことで、とても敏感になったり、内向的になったり、責任感が強くなったりする人もいます。同じ原因で、非行に走ったり、犯罪を犯したり、暴力的になったりする場合もあります。

生まれつき、敏感になりやすい遺伝子を持つ人や、人生の初期段階でネグレクトにあった経験のある人は、環境に適応しようとしすぎて、非常に敏感になり、常に周りを気にして、他の人に合わせようとしてしまい、自分自身の欲求に気づくことができなくなってしまいます。

もし、敏感または内向的になったのが生育環境による後天的なものであれば、そのような気質を訓練や治療によってなくすことができる、と考える人もいるかもしれません。

たしかに、ストレスの多かった子ども時代のトラウマを克服するためにセラピーを受ければ、不安が減り、自分自身への恥の意識が薄れていきます。

自分自身を理解することで、他人からの批判に強くなり、自分らしくいたり、自分自身の心の声に耳を傾けたりするのがうまくなるでしょうし、外向的になるかもしれません。

だからといって、感受性の強さや思慮深さ、他者の苦しみを我がことのように受け止める資質がなくなってしまうわけではありません。

次の章からは、敏感や内向的になった理由が何であれ、人生が意義深くなり、よりラクに生きられるヒントをご紹介します。

ラクに生きるヒント―プロローグ

「〝敏感な人〟と〝内向的な人〟の特徴」まとめ

〔特徴①〕狭く深い人間関係を好む

〔特徴②〕集団行動が苦手

〔特徴③〕人前で話すのが苦手

〔特徴④〕内面や本質など内的世界に関心を持ちやすい

〔特徴⑤〕〝敏感な人〟はとくに感受性が高い

ラクに生きるヒント─1

過度な刺激から自分を守る

敏感な人や内向的な人は、刺激の許容量が限られています。刺激を受けすぎて、頭のなかがいっぱいになって気分が悪くなったり、どっと疲れたりしてしまうことがあるでしょう。

刺激の量はある程度はコントロール可能ですし、過度に受けてしまった刺激に対処する方法があります。ぜひここで挙げる方法を実践してみてください。

過度な刺激から自分を守る方法①

自分に最適な刺激のレベルを知っておく

外向的な人の多くは、刺激的な環境にいるときに生き生きとして、成果を上げることができます。仕事中に大音量で音楽を聴くのが好きな人も多いでしょう。

一方の内向的な人は、刺激の少ない穏やかな環境のほうが成果を上げやすくなります。自分のキャパシティーを超えることが周りで起きるのをとても不快に感じます。

次に挙げるキャスパーやマリアと似た経験をしたことはないでしょうか。

職場の配置転換の噂は前から聞いていたのですが、上司から「みんなに意見を聞きたいことがある」と言われたときには、「やだ、やだ、やだ。聞きたくない」と叫び、その場から逃げだしたい気分でした。

でも実際は、行儀よく座り続け、そのあとの数時間、動揺が続きました。

——キャスパー（42歳）

たとえば、ふだんより遠出して買い物に行って過度な刺激を受けたときなどは、起きたことをすべて紙に書いたり、聞き上手な人に話したり、静かな場所でしばらく穏やかな時間を過ごしたりするようにしています。

そうすると、気持ちが落ち着いて、静かにじっくりと刺激によって生じた心象を整理することができます。

こうやって心の整理をしないままだと、自分を見失ってしまい、他の人と満足にコミュニケーションできなくなって、相手の気分を害してしまいます。

――マリア（27歳）

大事なのは、各人が自分に最適な刺激のレベルを知ることです。

敏感な人や内向的な人は、外向的な人と比べて、刺激への耐性がかなり低い場合が多いのです。

ただし、敏感だったり内向的だったりするとしても、「刺激が足りない」と思うことも往々にしてあるということは覚えておいてください。

敏感な人や内向的な人がするべきなのは、刺激を避けることでなく、〝自分に適したレベルを見つけること〟です。

心地よく感じる刺激のレベルが他の大多数の人より低いせいで、苦労することもあるでしょう。できるだけ過度な刺激から自分を守るようにしてください。

過度な刺激から自分を守る方法②

じっと自分の内側に集中し、受け止めた情報を整理する

たいていの人は日々、周囲の環境やネット、ＳＮＳから大量の情報と刺激を受けています。

ときには入ってくる情報や刺激を制限して、受け止めた情報を分類する時間と心の余裕を持つことが大事です。

役に立ちそうな、ちょっとしたエクササイズを紹介します。

ステップ1

椅子に座り、枕を頭のうしろに置きます。背筋をまっすぐに伸ばし、背骨の延長線上に頭が来るようにしてください。緊張を解きほぐすため、少し肩を回しましょう。手にメモ帳を持ちましょう。

ステップ2

「5、10、15、20分後」などと適当に時間を決めて、ストップウォッチが鳴るようセットしておきましょう。私は「Insight Timer」というアプリを使っています。これは瞑想用のアプリですが、ストップウォッチとしても使えます。スマートフォンに無料でダウンロードでき、時間が来ると、小さな心地よいベルの音が鳴ります。

ステップ3

ストップウォッチをセットしたら、目を閉じて、2、3回深く息を吸い、それから大きく吐きます。

次に、空気を吸い込みながら、両手を上に伸ばし、空気を吐くときに、両手を下ろします。

そうすることで、呼吸を意識し、自然なリズムに整えることができます。

体の動きを感じましょう。手、足、顔など体の先端に意識を集中させましょう。体の各パーツに順に意識を向けていきます。

ステップ4

ここまでの部分はマインドフルネスに似ていますが、ここから先は違います。

まず、浮かんできた思考が表面的すぎるなら、それらを解放し、呼吸や体の先端部分にもう一度意識を向けます。

浮かんだ思考が、これからしなくてはならない決断に関するものや、まだ整理できていないついつい最近の出来事についてなら、その決断や整理に時間をさきましょう。

あなたの心のスクリーンに、その体験を映しだしましょう。思考に現れる体験をより深く理解し、決断することができるかもしれません。

ステップ5
思考の途中で小休止を挟み、体や呼吸に意識を集中させることが大事です。

「Insight Timer」をストップウォッチとして使うなら、途中、短い間隔で音が鳴るたび、「休憩をとらなくては」と思いだすはずです。

休憩をとったあと、再び呼吸に集中し、思考に戻れば、それらの思考が実りあるものだったのか、または意味のないものだったのかを評価しやすくなります。

練習中に思考が常に浮かび、堂々巡りになるようであれば、紙に書き留め、あとで誰と話すか決めましょう。

決め終わったら、いったんそのことは忘れ、体と呼吸に再び意識を向けましょう。


もしかするとあなたは経験上、自分の思考を感じて、外側からとらえるのはラクじゃないと知っているかもしれません。でも人は練習すれば練習するほど、上手にできるようになるものです。

たとえば、ちょっとした待ち時間に練習してみてください。メールやSNSをチェックするより、はるかに有益です。

そうすることで、自分で選んだ思考に没入し、決断の準備をするか、外から入ってくる情報から得た感覚を解き放つことができます。

私は実際、ほぼ毎日このエクササイズをすることで、きびきびと行動できるようになりました。

過度な刺激から自分を守る方法③

ニュースをチェックしすぎない

「時代の流れに乗らなくては」と意識して、こまめにニュースをチェックしてしまう人はたくさんいます。ニュースを見たり聞いたりしていると、半ば中毒のようになってきて、チェックせずにいられなくなるかもしれません。

メディアは争いごとを好むもので、ニュースを見聞きしすぎると、「世のなかには愛より暴力のほうがたくさん蔓延している」という誤った印象を抱いてしまうでしょう。そのような認識がストレスや不安の原因となって、気持ちがふさぎ込んでしまう恐れがあります。

目にした映像について、どれくらい深く感じ入るかは人それぞれです。もし、数日ものあいだ映像に影響されてしまうのなら、ニュースをチェックする頻度を減らすようおすすめします。

どうしてもニュースをこまめにチェックするのをやめられない人は、こう考えてみてください。

自分が日々、世界のあらゆる問題を知ることにエネルギーを費やしたとしても、それが誰かの役に立つわけではありません。

やっとのことで受け取った情報を咀嚼し、再び動きだすエネルギーを取り戻したとしても、また苦しんでいる人や暴力シーンを見てしまえば、すべてぶち壊しです。

自分にはどうにもできないことへの罪悪感や不安、悲しみでたちまち心が満たされるでしょう。

私は仕事に集中しなくてはならないとき、ニュースを一切チェックしません。でも一定間隔で周りの人に、「今、何が起こっているのか、主なニュースを話してほしい」とお願いするようにしています。

または、テレビを避けて、ネットでニュース記事を読みます。でももっとも心に傷を負いやすい朝の時間帯には、ニュース記事を絶対読まないようにしています。夢にでてくる危険があるので、寝る前も避けます。ニュースは午後に、一度だけ見るのがベストです。

ただ、ときどきはDR*2というチャンネルのトップニュースで討論を見たり、世界の紛争について骨太なドキュメンタリーを観たりします。［*DR：デンマークの公共放送局］

このようにして、問題について知識を深めることは、あれこれ考えて混乱してしまうことの抑止力となっています。

過度な刺激から自分を守る方法④

電話に振り回されない

たとえば、クリエイティブな作業に集中しているときなどは、電話が鳴ったせいで、集中力をそがれてしまうこともあります。相手が意見を求めてきているときや、電話をもらって嬉しいといった特定の反応を示すよう期待されている場合は、とくにそうです。

敏感な人や内向的な人の多くは、携帯電話をサイレントにしています。着信は休憩のときに確認するようです。折り返し電話する際には、事前にメールで用件は何か尋ねてから、いつ電話するか決めるのもよいでしょう。

過度な刺激から自分を守る方法⑤

周囲の人と過剰に接触しないようバリアを張る

オフィスでバリアを張る方法はたくさんあります。耳栓やヘッドホン、濃い色のサングラスは、自分を守るのに有効です。

内向的な人は、作業中に顔を見られたり、何の断りもなく突然目の前に立たれたり、顔を覗き込まれたりしないと確信できれば、仕事に没頭できますし、緊張もほぐれます。

周りから憂鬱そうに見られることも、ときどきあるでしょう。外向的な人は、内向的な人が深く集中していることに気づくと、驚いたり心配したりすることがあります。

私自身も夏の夕方、裸足で散歩をしたとき、同じ経験をしました。

私は受け取る感覚をすべて感じ取りたいと思い、ゆっくり歩いていました。肌に吹きつける暑い夏の風、足の下のアスファルトや地面の熱、鳥の歌や花の香り――とくにピンクのバラ、ロサ・ポミフェラ（アップルローズ）は、私を感傷的にさせました。

同時に私の頭のなかは、解決しなくてはならない問題やアイディアでいっぱいになっていました。
そんな私をわざわざ呼び止めて、「何か困っていない？　手を貸そうか？」と尋ねてくる人は滅多にいませんが、時折、声をかけられると、「親切な人だなぁ」とは思いつつも、内心、かなり動揺してしまいます。
せっかくの幸福な体験やアイディアから現実に引き戻され、よそ行きの表情を作らなくてはならないからです。深い瞑想で悦に入っていたところから、現実世界にちゃんと戻るまでには、長い時間が必要です。

誰かに邪魔されない環境を作れれば、作業に深く集中できる心のゆとりが持てるでしょうが、無礼と思われることなく、社会との関わりを断つのは難しいものです。敏感な人や内向的な人の多くは、職場やプライベートで、自分が望むより多くの人づき合いを強いられています。

「どのタイミングでたがいに接触をとるのか」などの暗黙のルールは、たいていの場合、外向的な人を中心に決められたものです。たとえばこんな暗黙のルールはありませんか。

・相手の話を途中で遮ってはならない。
・素早く自分の考えをまとめ、よどみなく長い意見を言えるのがベスト。
・会話をはじめるのは、いつだって素晴らしいこと。
黙っている人がいれば、「ねぇ、聞いて」と言い、話しはじめてよい。
・話をしている人がいたら、終わるまで会話に参加しなくてはならない。
最後の一言を言い終えただろうと思ってからも念のため少し間を置き、「ではは、それぞれの仕事に戻りましょうか」と断ってから、作業に戻るべき。

暗黙のルールに抗《あらが》うには、労力が必要です。
私は別のルールを作って、その暗黙のルールに立ち向かうことにしました。

・集中している人の邪魔をするのは厳禁。
・言わなくてはならないような大事なことがない限り、静寂を破ってはならない。
もし、それが大事なことであったとしても、相手からGOサインが出るまで話しはじめてはならない。
・1分以上続けて話したら、休憩をとる。
深く息を吸い、自分の話の内容が相手にとって、どれぐらい重要か考える。

もし、誰も自分に話し続けるよう促さないのなら、我慢して言いたいことがある人に譲る。

・誰かが「話したいことがある」と言ってきたら、「自分はその人の話を聞きたいだろうか？　今がそのタイミングか？」と考える時間をとる。
「聞きたくない」「今じゃない」と思えば、軽く首を横に振る。

謝ったり、説明したりする必要はない。


このルールは、いつでも思いだせるように、紙に書いてどこかに貼っておくのもよいでしょう。

ただし、これは、絶対的なルールではありません。

実際の場面で、うまく機能しないものもあるでしょう。これらのルールを定める意義は、それ以前に従ってきた暗黙のルールに疑問を投げかけ、時代遅れの慣習へのアンチテーゼを示すことです。

たがいにどうコミュニケーションをとるか、話し合うきっかけにしてもらえると嬉しいです。

できるだけ集団行動を避ける

私たちはときに、容易には離れられない難しい人間関係に身を置いています。私はかつて教区司祭の仕事をしていました。住まいと仕事場が同じ敷地内にあり、すぐ部屋に戻って休憩をとれたのは助かりましたし、教区司祭の仕事に満足していました。

しかし、年に一度の定期イベントのときになると、不安で頭がいっぱいになり、終わったあと、何日もぐったりしてしまうのでした。

初夏の遠足では、教会評議会と信者が一緒にバスで丸一日、出かけなくてはなりませんでした。

教会評議会の理事だった私は、旅行の移動距離などについて、ある程度の決定権を持っていました。そのため、「あまり遠くないところに行こう」「あちこち回るのではなく、目的地を一箇所に絞ろう」と言って、他の人たちを何とか説得しようとしました。

ですが、多くの人たちは冒険心が旺盛で遠くに行けば行くほど楽しいようで、私の願いはほとんど聞き入れられませんでした。

そのときは、なぜその遠足が自分にとって重荷なのか、私自身が正確には分かっていなかったため、明確に伝えることができなかったのです。

今では、自分がどうして不安な気持ちを抱いてしまったのか、理解できています。すぐ乗り物酔いしてしまう上、牧師として信者と一緒に出かけると、落ち着いて一人で休憩をとるのがとても難しかったからです。

私はいつもバスに乗る前に、くたびれ果てて泣きながらバスを降りる羽目になるのではないかと怖くなりました。でも実際は、牧師館のドアをくぐるまで、毎回、何とか平静を保つことができました。

そんな風にくたびれ果ててしまうにしても、イベントが年に一度だけだったのは不幸中の幸いでした。他の職場なら、外向的な人たちの大半が好むけれど、内向的な人にとってはストレスとなり不快な、週末の社員交流イベントやクリスマス・ランチ、チームワークアップ講座など諸々の行事があります。

過度の刺激を受けると、社交の場にいるのが辛くなりますし、多くの情報を得なくてはならないのは苦痛なことです。

一対一であれば、断ったり、休憩をさせてくれと言ったりできますが、楽しそうにしている大勢のなかにいるときに、嬉々として話をしている相手に「静かにして」とはとても言えません。

過度な刺激から自分を守る方法⑦

「礼儀を尽くすこと」と「我慢すること」は違うと知る

2015年にグリーンランドで講演会をした際、講演会の手はずを整えてくださったヌーク図書館の方が、「グリーンランド人は講演があまり面白くないと思うと、すぐに席を立って、出ていってしまいます」と事前に知らせてくれました。

実際、まだ講演が終わらないうちに、図書館を出ていく人が2、3人いました。しかし、それは私にとっては心地よく、よい習慣だと思いました。

なぜなら、会場に残って話を聴いてくれている人は、途中で席を立つわけにいかないから仕方なく座っているわけではない、と知ることができたからです。

デンマークでは、くたびれても、我慢して座り続けるのが礼儀と考えられています。多くの人にとって、それは大きな問題ではありません。しかし敏感な人や内向的な人にとっては、かなりの苦痛が伴います。

私はグリーンランド人のように行動することにしています。そこに居続けるのが心地よく、意義のあることだと思わなければ、できるだけ遠慮深く、そっと足音を忍ばせ、外に出るのです。

限られた情報だけを受け取りたいのであれば、自分にとって心地よくもなければ実にもならない話を聴くのに、エネルギーを使い果たしてしまうのはもったいないことです。

何かしらの理由で部屋を出るのが難しい場合、別の方法で情報をシャットアウトします。私は、カバンのなかに目立たない、小さなイヤホンを忍ばせています。

イヤホンをそっと耳にはめて、コードは髪やスカーフで隠します。すると演説が心地よい音楽でかき消されますし、大勢のなかにいながら、自分の世界を守り、とても心地よい時間を過ごせるのです。

この方法なら、立ち上がって歩きだして人の邪魔になるのも避けられますし、途中で講演をまた聴くという選択もできます。私はときどき音楽のボリュームを少し下げて、とうとうと入ってくる言葉に耳を傾け、自分に十分に関係のある話と分かれば、再び聴きはじめます。

過度な刺激から自分を守る方法⑧

心を静められる活動に集中する

バリアが十分張り切れず、不快になるほど過度の刺激を受けてしまったとき、それを紛らわすために、テレビを観るか、ネット・サーフィンをするか、ベッドに入るなどすることはないでしょうか。

しかし残念ながら、それらの行動には、心を落ち着かせる効果はありません。覚醒された意識を再び平常通りに戻すには、しばらく静かにしている時間が必要なのです。

ただし、まったく何もせずにただじっと静かにしていなくてはならないわけではありません。必要なのは、新たな情報が余計に入ってこないような活動をすることです。

たとえば、半日かけて食事を作るのは、とても効果的です。初挑戦のメニューでなく、日頃から作り慣れているものを選びます。私は野菜の皮をむいて切り、鍋の中身をかき混ぜながら、お気に入りの音楽を聴くのが好きです。できあがった料理を、ストレスのたまった日に食べられるよう、小分けにし、冷蔵庫にストックしておきます。

私はこのようにして、過度に入ってきた情報を整理し、必要な決断をします。

ただし、外側からの情報が刺激になるだけでなく、内側から湧いてくる感情に刺激を受けることもあるので、自らの思考を注意深く探りましょう。
過度な刺激を受けたときに何をすればいいかは、人それぞれです。おすすめのアイディアをいくつかまとめました。

心を静めるのに効果的な活動

- 家事全般：掃除、野菜の皮をむく、アイロンをかける、芝を刈る、庭の雑草とりなど
- セーターを編む
- パンやケーキを焼く
- ジョギングする
- ヨガやピラティスをする
- 音楽に合わせ、部屋を動き回る。体が自然に動くのに身を任せる
- お風呂に入るか、足湯につかる
- 聞き上手な人に起きたことを話す
- 日記を書く

ラクに生きるヒント―1

「過度な刺激から自分を守る」まとめ

[方法①]自分に最適な刺激のレベルを知っておく
[方法②]じっと自分の内側に集中し、受け止めた情報を整理する
[方法③]ニュースをチェックしすぎない
[方法④]電話に振り回されない
[方法⑤]周囲の人と過剰に接触しないようバリアを張る
[方法⑥]できるだけ集団行動を避ける
[方法⑦]「礼儀を尽くすこと」と「我慢すること」は違うと知る
[方法⑧]心を静められる活動に集中する

ラクに生きるヒント―2

堂々巡りの不安を断ち切る

敏感な人や内向的な人は、想像力が豊かであるがゆえに、物事が悪い方向へ行く可能性も見えてしまい、常に不安や恐怖心と闘っています。

これによって、失敗やアクシデントを回避することができるので、必ずしも悪いことではありませんが、もう少し心を楽にできるようコントロールする術を身につけられるとよいでしょう。

堂々巡りの不安を断ち切る方法①

最悪の事態ばかり想定しても得することはないと知る

敏感な心の持ち主は、〝最悪の事態〟と〝最良の事態〟の両方の心構えをするのに長けています。

たしかに、心の準備ができていれば、すっかり圧倒されてしまうリスクは低くなりますので、敏感な人や内向的な人に大いに役立ちます。さまざまな事態を事前に想定し、プランAとプランBの両方を用意しておけば、安心できて、過度な刺激を受けるリスクも減らせるかもしれません。

ただ、敏感な人や内向的な人のなかには、驚異的なほど想像力がたくましく、たとえば、「デンマークで今、戦争が起きたらどうなるんだろう？」「核戦争が勃発するか、まったく予期しない自然災害が起きたらどうなる？」「私か私の愛する人が、命に関わる深刻な病気にかかったり、大きな交通事故にあったりしたらどうしよう？」とかいったことを、しばしばとうとうと考えてしまう人も多くいます。

起こってもいない事故のことを考えることで、これまで事故にあわずにすんだことへの感謝の念が湧くと同時に、「災害や事故がいつ起きてもおかしくない」という慢性的な不安を抱えることになってしまっています。

もし、災害が実際に起きたとしても、現実の災害は想像して備えていたのとは別個のものですから、あまり入念にプランBを立てても意味はありません。

ですので、激しい災害への不安が頭に浮かんだとき、その思考を断ち切り、自身にこう声をかけるようおすすめします。

「最悪のことが起きても、何とかなるさ」

実際、心配なことが生じても、周りの人と手をとり合うことで一生の友人ができるなど、不幸のなかから幸せが生まれることもあります。

最悪の事態を想定してしまうことの一番悪いところは、まぶたの裏に映る映像を見ることはできても、どうすることもできないところです。最悪な事態に陥っても、すぐに対処すれば、想定以上に恐ろしい事態になることはそうそうありません。

堂々巡りの不安を断ち切る方法②

「いざというときには困難に対処できる」と自信を持つ

あなたは自分が敏感だったり内向的だったりするために、他の人に比べ、うまく対処できないと思っているかもしれません。でも実際はその逆なのです。

著書『夜と霧』で知られるヴィクトール・フランクルは、ウィーンの神経科学と精神医学の教授でした。ユダヤ人であるヴィクトールは、ナチスのアウシュヴィッツの強制収容所で三年間過ごしたあとに、生還しました。

彼は言います。困難な状況で生き延びられるのは、他の人を助けるなどして、苦しみのなかに意義を見いだすのに長けた人なのだと。

そして、それらは内向的な人や敏感な人がとりわけ得意とすることです。ですから、大きな困難に見舞われたとき、「自分は他の人より困難を切り抜けづらい」とは考えないでください。

むしろその逆で、最悪の状況は、新たなクリエイティビティを発揮し、人生により深い意義を見いだし、ともに生きる人々と愛情に満ちた絆で結びつくチャンスかもしれません。

同じことが人生の幕引きについても言えます。

いつかこの世を去らなくてはならないと意識しておくのはよいことです。ただし、「死」や「老化」についてあまり考えすぎるのはよくありません。増えていくシワにばかり気をとられると、性的魅力は減退し、ついには病気がちになり、人生の喜びが病に飲みこまれかねません。

堂々巡りの不安を断ち切る方法③

老いや死を恐れすぎない

失敗に備え、対応策を準備しておくのはよいことです。

それは人生の終末期や、死についても言えます。

年金を貯めたり、階段の上り下りがしやすい家を探したり、健康を維持する努力をしなくてはならないでしょう。

でも、だからと言って、常に病気を意識し、心のスクリーンに来る日も来る日も、その映像を映し続けるのはやめましょう。自分の姿にポジティブなイメージを持つようにしましょう。


年配の人の大半は、人の目に自分がどう映るかをだんだん気にしなくなっていき、自分の本性をあるがままにさらけだし、正直になる勇気を持つようになります。

自分の気持ちに寄り添える勇気は、あまりよく知らない人と、より深く意義のある交流をする可能性を切り開く糧となります。

完璧でいるという夢を手放したら、自分の人生がどれだけ楽しく、生きやすくなるか想像してみましょう。最悪の場合、人生の最期のときを、病院や老人ホームで病気か寝たきりで送らなくてはならなくなったとしても、希望は残っています。

愛情に満ちた出会いをするのに、遅すぎることはありません――そう、死が迫ってきて、仮面がはがれると、楽になることもときにはあります。

人生のなかで定期的に、こう自らに問いかけることで、死に備えることができます。


「人生にさよならするとき、何を思いだすだろう?」

「死ぬとき、何を覚えていたいだろう?」


こう問いかけることで、人生の優先事項が何なのか分かってくることでしょう。

何もないところにぽっかり空いた黒い穴のような死のイメージを抱えて生きることで、得るものは一切ありません。それは私の目には、想像力を欠いた行為に見えます。

死に対するイメージが、その人生に苦しい感覚を投げかけるのであれば、その空想や想像力を、心地よく、美しいものを思い浮かべるのに使うようおすすめしたいと思います。

ラクに生きるヒント―2

「堂々巡りの不安を断ち切る」まとめ

[方法①] 最悪の事態ばかり想定しても得することはないと知る

[方法②] 「いざというときには困難に対処できる」と自信を持つ

[方法③] 老いや死を恐れすぎない

ラクに生きるヒント—3

日々に喜びや意義を見いだす

敏感な人や内向的な人にとって、美しい音楽を聴くことや、美しいものを見ること、他者に何らかの貢献をして自分がしたことの意義を感じることが大きな糧になるでしょう。

大きな喜びは、最初に巡ってくるときは、過剰な刺激となり、疲労をもたらしますが、長期的に見ると、最初の周期で消費したよりもずっと多くのエネルギーをもたらしてくれます。

日々に喜びや意義を見いだす方法①

天職を見つける

敏感な人や内向的な人は、意義のあることや個人的に夢中になれる仕事に携わることがとくに大事です。

敏感な人や内向的な人は、天職に出会うまでに時間がかかることが多いので、「これだ！」という仕事に出会えるまで、さまざまな仕事を試してみる必要があります。

過度のストレスやプレッシャー、ときにはただ職場の雰囲気が悪いというだけの理由で、仕事を辞める人もいます。

敏感な人は、問題を軽く受け止めることができず、ときに仕事を辞めるという最終手段をとるほどに追い詰められてしまうのです。

あるクライアントはこう言います。

僕は管理職に就いていました。多くの面でその仕事に満足していました。でも一つだけ嫌だったのは、とてもおしゃべりな同僚と同じオフィスで働かなくてはならないことでした。我慢しようとしましたが、いら立ちは日に日に増すばかり。

そこで静かに落ち着ける環境が必要なのだと周囲に話すと、こんな風に言われてしまいました。

「みんな、ここで仕事しなくちゃいけないのよ」

僕は仕事を辞めるしかありませんでした。

——ヘンリック（32歳）

他の人のケアをする仕事を目指す人も多いでしょう。内向的またはとても敏感な人は、子どものときからすでに、周りの人が元気かどうか気になっていた場合が多いからです。

そのため、他の人の痛みを和らげるお手伝いができる仕事には、大いにやりがいを感じ、それによって、自分の体や心が持たなくなるほど長く頑張りすぎてしまいがちです。

サービス業に携わるＨＳＰの多くは、ストレスにさらされます。

しかし仕事中に一日の半分の時間だけ費やす程度ならば、仕事に大きな喜びと満足感を覚えることができるようです。

たとえば倉庫での作業や、清掃、役所の補助作業、郵便配達などといったルーチンワークを選ぶ人もいます。それらの仕事には、過剰な刺激を受けずにすむという大きなメリットがあります。

それどころか、そういう人たちは仕事をしながら、労働時間外に受けた刺激を処理でき、家に戻る頃には、新たな刺激を受け止める備えができているのです。

フリーランスとして働く人もいます。

フリーランスとして一人で働けば、自分に合った音量や温度に職場を調整することができます。また労働時間も自由に管理できます。そのため、空想力や豊かなアイディアを発揮しやすいのです。

扶養者がいなければ、わずかなお金でも生きていくことができますし、敏感な人や内向的な人にとって、高い地位や物質的豊かさは人生の質に大きな影響を及ぼしません。必要な分のお金を稼ぎ、残りの時間を他のことに自由に使います。それでもフリーランスの生活にしばしば伴う経済的不安定さは、骨身に沁みるものですが……。

お金をあまりたくさん稼ぐ必要がないのであれば、他にも選択肢はたくさんあります。

講演で出会ったあるＨＳＰの女性は、「さまざまな仕事に就いたものの、どれも満足できず、大学に入り直してまた勉強することにしました」と話してくれました。

デンマークは大学の授業料が基本的には無料で、国から奨学金も支給されるため、生活に困らないのです。その人は以前から、環境問題に興味があり、リサイクルの服をできるだけ着るようにしていたので、服代も大してかからないと言います。

一つのテーマに没頭できる大学という環境は、彼女の心に平穏をもたらしました。

敏感な人や内向的な人には、リーダーになることを好む人も多くいます。自分の裁量でいろいろ決められるからです。リーダーは、しばしば自分の個室を持つことができ、必要なときにドアを閉め切って、一人の時間を過ごせます。アイディアマンなので、イノベーションは得意ですし、従業員の気持ちを察し、意見にきちんと耳を貸すので、リーダーとして支持される場合が多いのです。

とはいえ、敏感な人や内向的な人は大勢の前で話すのをあまり好みませんので、はじめはとても苦労するでしょう。

でもやっていけば慣れることですし、そのハードルを飛び越えられれば、リーダーの仕事は非常に満足のいくものとなるでしょう。

また、手先を使った仕事や屋外での仕事は、喜びに満ちたものとなるでしょう。

私はＨＳＰ向けの講演で参加者たちに、「あなたの今の仕事は他の人にすすめられますか?」とよく質問します。

「はい」と答えた人たちの職業は、庭師、有機農家、園芸アドバイザーなどでした。

クリエイティブな仕事もＨＳＰにはぴったりです。作家や画家、音楽家には、内向的な人や敏感な人が多いのです。

余暇には、エネルギーが湧いてくるような、楽しくて喜びに満ちた活動を優先的に行うべきです。

また、少なからず世のなかのためになって、他の人に喜びをもたらすもの、自分自身も意義を見いだせることを選ぶとよいでしょう。

日々に喜びや意義を見いだす方法②

社交の場に参加するときは前もって準備をする

敏感な人や内向的な人は大規模なパーティーに行くのを好まない傾向があります。

それでもパーティーに行く人はいます。それはさまざまな理由からでしょう。罪悪感を抱きたくないからかもしれません。あるいは、誕生会の主役に好意を持っているからかもしれませんし、顔を見せることで相手を喜ばせたいのかもしれません。または参加者のなかに、実際に会いたい人、話をしたい人がいるからかもしれません。

あまり気が進まないパーティーに行くときは、次のような方法を用いることで、心が軽くなるでしょう。

まずは、罪悪感を抱かずに、早く帰れるシナリオを用意しておきます。招待を受け、「参加する」と返事する際に、「少ししかいられないけど、いい？」と聞きます。

または、正直に言えそうな相手なら、「あまり長い時間、社交の場にいるのは私にとって大変なことなの――短時間なら、楽しめるんだけど」とつけ加えます。

休憩が必要になったときに使える部屋か、近くにちょっとしたスペースはないか、主催者に尋ねてみてもよいでしょう。

はじめは世間話から入り、そこから話を深めていくのが原則です。このことは私の別の本、『鈍感な世界に生きる敏感な人たち』（ディスカヴァー）に詳しく書きました。指針を知ることで、心が少し軽くなるでしょう。

また誰と何を話すか、心積もりをしておきましょう。

どんな話題なら話す気力があるか、またどうやってその話題に持っていくかも、考えておきましょう。

さらに入念に準備しておきたければ、前もって誰かにこうメールしておくのもよいでしょう。

「会えるのを楽しみにしているわ。○○について話せたら嬉しいな」とか、「あなたと○○について話がしたいの。あなたの意見が知りたくて」とか。

外向的な人たちは、パーティーでみんなが座る大きなテーブルのそばに腰掛けて、しばしば議論をしたがりますが、内向的な人は隅にいて、ときには中庭にでて、一対一または少人数で関心のあるテーマについて話すのを望むものです。

もしも、パーティーに二人に共通する話題について、以前話したことがある人がいたなら、みんなと同じ大きなテーブルにいる途中でタイミングを見計らって、外に行こうと誘ってみてもよいでしょう。

もしくは、自分自身が一番コミュニケーションをとりやすく、自分のニーズにぴったりのパーティーを主催者として開くこともできます。

招待メールには、開始時刻と終了時刻の両方を書きましょう。招待した人たちがどれぐらいの時間までいたがるか、事前に知るのは難しいものです。

そのため、終了時刻は遅めにするのよりは、少し早めに設定しておいたほうがよいでしょう。みんなから「ちょっと早すぎるんじゃない?」と言われたら、「もう少し長くいてくれても、もちろんいいよ」と返せばいいのです。逆に、事前に案内していた予定時刻より少し早めに帰ってもらえないか提案するのは、ずっと難しいですから。

新しい人間関係を楽しむ方法はたくさんあります。

食事は静かななかで楽しむことにしましょうか。ゆっくり食べ、それぞれのソースの味を意識するマインドフルネス・ディナーなどというミニ講座を開いてもいいでしょう。

同じ関心を持つ人たちを集めた、小さなカフェテーブルで、食事をとるようにしてもよいでしょう。

パーティーで一晩中椅子にじっと受け身で座っていたくはないなら、ダンスをしたり、静寂のなかで足湯に入ったり、他の人の足をマッサージしたり、庭に散歩に行ったり、何らかのレクリエーションをしようと提案してもよいでしょう。

大きなテーブルの周りに座って飲み食いしながらおしゃべりをするうちに、だんだん騒がしくなっていき、最終的には外向的な人の独壇場となる――そんなパーティーにしないため、とれる策はいくらでもあります。

誰かと同じ時間をともにし、連帯感を持つことで、人生は実に豊かになりますし、楽しみ方は十人十色なのです。

日々に喜びや意義を見いだす方法③

あえて人と接触しやすい場所に住む

敏感な人や内向的な人は、自然や静寂に恵まれた田舎の住まいが自分に合っていると感じることが多いようです。

それは実際、多くの敏感な人や内向的な人にとって、よい解決策となります。


しかし他者との交流を簡単にとれる場所に住むことにもメリットがあります。内向的な人や敏感な人は、自分を他者との交流をとりやすい環境に置かないと、人との関わりが少なくなりすぎてしまうリスクがあるからです。

当日になって「やっぱり行きたくない」とか「どうしても行けない」と思ったり、長い時間、人と一緒にいるのに耐えられなくなるのを恐れたりするあまり、礼儀を考えて最初から行かないという選択をとることもあるでしょう。

人と接して刺激を受けるのに疲れ、ぼうっとしたことはないでしょうか。


私たち家族は、子どもが小さい頃、大きなテラスハウスで暮らしていました。廃校になった高校の上の階で、26人の子どもと大人が共同生活を送っていました。

それはさまざまな点で大変でした。けれども、交代で買い物や食事の支度ができるのはとても便利でしたし、すぐに誰かと話ができる環境は私に合っていました。

前もって約束しなくても、誰かと一緒にいたくなったら、共同スペースに出ていって交流ができました。私はたとえば広い共同キッチンでパンケーキを焼くとき、みんなと交流しました。そんなときは大概、焼き終える頃には、〝ヒュッゲな〟(「居心地がいい」というデンマーク語)時間を過ごしたいと願う住人がキッチンに集まってきていました。

誰も来ない場合は、呼び鈴を鳴らしました。それは何か用事があって、みんなに集まってほしい人が用いる合図でした。集まってもらったのに、30分して私が再び一人になりたいと思ったとしても、問題ありませんでした。他の人たちは私が退散したあとも、ヒュッゲで心地よい時間を過ごすことができたのですから。

もちろん、人と交流しやすいよう、わざわざテラスハウスに引っ越す必要はありません。友人の家のそばや都会に住めば、すぐに他の人と交流できるのですから。

日々に喜びや意義を見いだす方法④

メールやSNSをうまく活用する

内向的またはとても敏感な人にとって、メールやSNSなどのテキストでのコミュニケーションには、メリットがいろいろあります。

たとえばFacebookでは、共通の関心を持つ人たちのグループを、手軽に見つけられます。グループ・ページでは、興味のある話題について、さらに理解を深める助けがたがいにできますし、体験を分かち合うこともできます。

テキストでのコミュニケーションには、自分のペースで参加できるというメリットがあります。他の人に質問をしたら、スクリーンの前の席を立ち、たとえばお茶を飲んだり、その質問にもし自分が答えるなら、何て書くだろうと、ゆったり考えたりできます。

直接会って人とコミュニケーションをとる際には、できるだけ感じよくしなくてはなりませんし、ときに少し勇気が必要です。フラストレーションがたまったり、過度に刺激を受けたりする危険とも常に隣り合わせです。

それに対して、テキストでのコミュニケーションは自分の世界を離れずに、小休止を挟みながら人と接することができ、過度に刺激を受ける危険性のある環境を避けられます。

たとえば講座やイベントに参加しようと決めるとき、私は自分が楽しいと思えるのは、ほんのつかの間かもしれないと覚悟しておきます。

私はバドミントンをするのが大好きで、複数のチームに所属しているのですが、メンバーが大音量で音楽を流したり、ウォームアップにもかかわらず、激しく動くように強要したりしてこようものなら、すぐ家に帰る心積もりでいます。

コンサートに行くときも同じです。音楽が大きすぎたり、音が悪かったり、寒すぎたりすれば、あまり長居せず、会場をでて自宅に戻り、暖炉の前にある肘掛け椅子でくつろぐ選択をします。

たいていの場合、一人で過ごすのは楽しく、思い切って会場を出る選択をした自分自身に感謝します。

家にいる選択をしたときには、人とコミュニケーションしたいという欲求はメールやSNSで満たします。

ですが一日、インターネットまたは電話でしかコミュニケーションをとらないと、虚無感やフラストレーションに苛まれる危険性があります。

とはいっても、私も「できれば毎日、他者と一緒に過ごしたほうがいい」とは思っていません。人は、アイコンタクトやボディランゲージを交えたコミュニケーションを必要としているのです。こうしたコミュニケーションは、メールや電話とはまったく異なる満足感をもたらしてくれます。

ですので、家にいることにたくさんのメリットがあるとはいえ、自分自身の幸福のために、できるだけ毎日、生きたコミュニケーションをとるようおすすめします。

倦怠感を感じているなら、まさにこの生きたコミュニケーションの不足から生じるものです。自分に適したレベルや質の刺激を見つけましょう。

日々に喜びや意義を見いだす方法⑤

外向的な人とも交流してみる

敏感な人や内向的な人同士でコミュニケーションをとるのは容易なことです。私たちは一つのテーマをともに深め合ったり、多くを語ったりせずとも一緒の時間を楽しんだりできます。

敏感な人や内向的な人は自分たちだけのルールに基づき、自分たちだけで集まることができるのです。

けれども長いこと静かにしていると、退屈になってくることもあります。諍《いさか》いを避けたいと強く願うがあまり、たがいにコミュニケーションをとるのをときどき忘れてしまうのです。

一方、外向的な人は、頻繁にコミュニケーションを試みます。他人同士が関わることでエネルギーが生まれますし、人と一緒にいるのは楽なことで、ややこしさもありません。

もし、外向的な友だちを誘おうかどうしようかと長いあいだ迷ってきたなら、今、その迷いから解放されるときがやって来たと思ってください。外向的な人が長いこと考えこむことなく、すぐに誘いに乗ってくれるのは心地よいことです。

ただし、外向的な人は、私たちのように口数が少なかったり、しゃべるのがゆっくりだったり、自分の世界に没頭しがちだったり、他の人たちが仲良く話しているのを遠くからじっと見てばかりいたりする人と一緒にいると不安になる点に注意してください。

私も外向的な人から、このような言葉を言われることがあります。

「黙ってばかりいて、何を考えているか分からないから落ち着かない」

「君の頭のなかで何が起こっているのか教えてくれ」

私はこうした言葉を受け入れ、外向的な人といるときは、自分が必要としているよりも少し多くものを言うように心がけるのを習慣づけました。

たとえばこんなごく短い言葉を言い添えるだけでいいのです。

「私はあまりしゃべらないけど、ここにいるのは楽しい」

「ときどき私がぼんやりしているように見えるとしたら、それは自分の考えに気をとられているだけ。あなたのせいじゃないから」

「私がパーティーに行かなかったとしても、あなたを嫌っているからじゃないの。私を招待してくれたことに感謝している。私には一人でいる時間と心の平穏が必要なだけなの」

外向的な友人が不安にならないよう、慮《おもんぱか》るのは無駄なことではありません。

もしも外向的な友人が聞きたいと言うのなら、敏感であることや、内向的であることがどういうことなのか、詳しく話してもよいでしょう。おたがいの性格を知れば、多くの誤解が避けられます。

敏感な人や内向的な人の多くは、外向的な人と同じぐらい快活でエネルギッシュで、人づき合いに積極的であろうとします。

ただ、決まった方法で交流するのは、とても重荷になるので、自分流を貫くことが大事です。外向的なタイプの人と一緒にいることで生まれるプラスのエネルギーをきっと楽しめるはずです。

違いを受け入れ、ありのままの姿を見せ合えば見せ合うほど、関係性はよくなっていきます。同じになろうとすると、すぐにつまらなくなってしまいます。

敏感でも内向的でもいいのです。自分に合ったやり方で物事に対処すればいいだけの話なのです。

敏感だったり内向的だったりする私たちが、あえて自分らしくいれば、生き生きした人間関係を築けるでしょう。

ラクに生きるヒント—3

「日々に喜びや意義を見いだす」まとめ

【方法①】天職を見つける

【方法②】社交の場に参加するときは前もって準備をする

【方法③】あえて人と接触しやすい場所に住む

【方法④】メールやＳＮＳをうまく活用する

【方法⑤】外向的な人とも交流してみる

ラクに生きるヒント—4

不快なコミュニケーションを回避する

敏感な人や内向的な人の多くは、言い争いが苦手です。

口論に限らず普段の会話でも、相手の感情の影響を受けすぎてしまったり、相手の言葉を真剣に受け止めてすぎてしまったり、心が苦しくなることやエネルギーを消耗してしまうことがよくあります。

こうしたことを極力回避できるコミュニケーションの仕方をご紹介します。

不快なコミュニケーションを回避する方法①

無駄な争いから降りる

争いの当事者になることを、敏感な人や内向的な人は嫌がります。真にぶつかり合うことはなかなかないため、小さな摩擦や不和を何度も繰り返し、ひどく疲弊してしまいます。

それでも、争いの中心に身を置いてしまうのだとしたら、それは公正さについてとても敏感な自分がいるからです。

その自分は、公正であるべきだと考え、そうでないと、とても激しい反応を示してしまいます。

しかし敏感な人や内向的な人が、叫んだり、ドアをバタンと閉めたりすることは、滅多にありません。はじめに起きる反応は、心の内側で起こるものです。

プロローグでご紹介したジェローム・ケーガンの研究による〝高反応気質の子ども〟のように、心の内の興奮を感じます。内なる興奮は、平穏を――ときには夜中の睡眠をも奪います。集中力や能力も減退します。

ですから、必要以上に多くの争いに関わらないようにしたほうがよいでしょう。

物事が公正に進んでいないことを素早く察知し、公正を求めて闘う人がいるのはよいことです。

ですがその一方で、闘うことをやめ、自らの権利を放棄することで、多くのエネルギーを節約できるのも確かです。

あるとき、私は期限内に間違いなく払ったはずなのに、50クローネ（約850円）の延滞金を支払わされ、頭にきてしまいました。それ以来、小額のお金やその他のささいな事柄について争うのをすっかり放棄するようになりました。

権力闘争の当事者は、最低でも二人必要です。でも、その争いをやめるのは、一人でもできます。

手紙を書いて、間違いを指摘したくなるかもしれませんが、面倒な闘いになるだろうと感じたら、争うのを放棄します。

たとえば次のように言えば、争いから堂々と降りられます。

「私はそうは思わないけど、そのことであなたと争うつもりはない」

「あなたの計算の仕方はいいと思わないけど、ケンカしたくないから、お金は譲る」

「約束と違う気がするけど、そのことについて議論するのにエネルギーを使いたくないから、それでいいわ」

こう口に出すことで、あらゆる形の不公平や悪行に耐えなくてすみます。

争いから降りるのは弱虫なのとは違います。それは賢明なことで、余裕のある証拠です。人生のなかに、思考や感情を費やす価値のあるものは、他にもたくさんあるのですから。

不快なコミュニケーションを回避する方法②

直接話さずに、メールや手紙で相手に気持ちを伝える

誰かに「ノー」と言わなければならないときや、距離を置く必要があるときに、面と向かって本人にそう言うよう教えられてきた人もいるでしょう。でも、敏感な人や内向的な人にとっては、そんな風に直接的にやり合うのは恐ろしく、不快です。

そういう場面に何度も立たされた際、ここから先は踏み越えないでというボーダー・ラインを示せずに終わった苦い経験もあるのではないでしょうか。

内向的またはとても敏感な人のなかには、次の例のマイ・ブリットのように、気軽に断る方法を思いつく人もいます。

私はふだん、相手に携帯メールで、自分の考えや気持ちを伝えるようにしてい

ます。

面と向かって言うと、あまりにも暴力的だったり、子どもっぽかったりする表現をしてしまわないかと恐れる私の気持ちには、このやり方が一番合っています。

このメールをしたあとに、相手と対面で話をします。

最初から直接口で言わずに、携帯メールを送るのを気まずく思うこともあります。自分のやり方がよいのかは分かりません。

――マイ・ブリット（46歳）

「直接会って伝えたほうが正しい」という意見を耳にすることもありますが、私にはまったく理解できません。直接言う代わりに文字で伝えることのメリットはたくさんあります。

敏感な人や内向的な人は、一人でいるときのほうが自分の心の声を聞くことができたり、じっくりと自分がどうすべきか考えたりできます。書くことで、いつもより簡単に適切な対処法を思いつくこともあるのです。そして、自分に正直になる勇気も持ちやすくなります。

逆に伝えられる側に立った場合も、たとえば、感情的な反応が過剰に起こる可能性のある事柄は、できれば文字で伝えてほしいのです。

そうしてもらうことで慌てることなくその状況に落ち着いて対処でき、ポジティブな要素を見いだし、泣いてしまうようなことであれば、相手の目を気にすることなく一人で泣いて、新たな一歩を踏みだせます。

人と接しながら、同時に動揺させられるような情報を処理するのは、私にはとても難しいのです。

しかし、顔と顔をつき合わせて話さずに、文字だけで伝えることには難点もあります。

声の調子や表情が分からないので、文字で伝えると誤解されるリスクが大きくなります。電話の場合は、誤解されるリスクはやや下がります。声の調子にも情報が含まれているからです。直接会って話すのが、誤解が生じるリスクが一番低いと言えるでしょう。

ですが、HSPの場合、直接やり合うことで、圧倒され、自分自身と向き合えなくなり、家に帰って――または数日経ってはじめて、何を言われたか分かるなどということになりかねません。

そのような状況で言われたことは、あとで完全な誤りと感じられることもあります。刺激を受けすぎて、何が真実で、何が正しいか感じ、考えることができなくなり、その状況から抜けだすために、苦し紛れの言い訳をしてしまうのです。

ただし、相手が外向的な人なら、そのような悲しくてがっかりするメッセージを一人のときに読むことは残酷に感じるかもしれません。このような場合、受け手の望み次第では、電話で話すか、会って話すよう申し出て、メールをいったん終えるようにしたほうがよいでしょう。

相手と一線を引く必要があるときは、一対一で会うよりも、電話をかけるほうがよいでしょう。

電話で話すことであまりに気分が悪くなったり、自分の心の声を聞きながら話せそうにないなら、途中で「休憩をとろう、30分後に電話する」などと申し出ます。もし、相手が大声で怒鳴りはじめたら、受話器を耳からちょうどいい距離に離しましょう。

不快なコミュニケーションを回避する方法③

どんな風に対応してほしいかを相手に伝える

いら立ちや怒りにより、心のバランスを崩した経験はないでしょうか？

周りの人が、攻撃されるとあなたがどんなに激しく動揺するかを理解していて、助けの手を差し伸べようとしてくれるのなら、必要な対話をし、誰のあいだにも起こりうる利害の不一致の解決策を見いだすことができるでしょう。


デンマークで私は45人のＨＳＰにアンケートをとり、「相手や自分が怒ってしまったとき、相手にどんな反応を示してほしいか」を聞いてみました。

集まった答えがあまりにバラバラなことに私は驚かされました。とはいえ、それらの答えには、いくつかの共通点が見られました。それら共通点を次のマニュアルにまとめました。

すべて当てはまるとは限りませんが、自分と第三者のあいだにいら立ちや怒りが生じたとき、周りの人にどうふるまってほしいか、自分自身の完全に個人的なお願いリストを作るヒントになるかもしれません。

どちらかが怒ってしまったときの私の取り扱い説明書

・大声で叫ぶのはやめて
私は怖くなって、ショックであなたが言っていることが耳に入らなくなってしまうから。

・暴力的な表現を使わないで
暴力的な表現を使われると、あとで私が許しはしても、心の奥では動揺し、何日も神経のバランスを崩してしまう。仲直りできたら、あなたはガス抜きができてよかったと思うかもしれないけど、私は違うの。

・あなたが何に怒っているのか、何を望んでいるのか、私にどう改めてほしいのか、静かに、落ち着いて話して

そうしたら私はさらに協力的になって、私の共感力をすべて、あなたを理解するのに、自分の創造性と空想力を、私たち双方にとってよい解決策を見つけるのに使えるから。

・私のほうが怒ってしまったら、時間をちょうだい

心を落ち着ける必要があるの。しかも、心を落ち着かせるあいだ、あなたから離れる必要があるかもしれない。

あなたにとっては何が問題か知る必要があるかもしれない。でも、私だって、そのことについて熟慮し、どうしたらいいか考える時間が必要なの。

・私が話している最中は、どうか黙って耳を傾けて

話を遮られたり、怒りを示されたりしたら、私は完璧にフリーズしてしまう。それに、話を聞いてもらえていないと感じると、最後まで話す気になれない。

集中力の糸がぷつりと切れて、自分が何を思っているか伝えたいという感情も気力もなくなってしまうの。

・私にとって諍いは危険を感じることだと知って

私はあなたの思いやりが必要なの。

これはパートナー、もしくはあなたと関わりのある誰かに、命令するためのものではありません。

これをお願いリストのように相手に渡して、意見の不一致や摩擦が生じたとき、おたがいどうすれば一番うまくいくか、話すきっかけにしてください。いら立ったり、怒ったりしたとき、どういう風に行動したらいいか、妥協策を見つけられるかもしれません。

不快なコミュニケーションを回避する方法④

相手の反応を予測しておく

敏感な人や内向的な人の多くは、「心配しすぎちゃダメ」と言われがちです。

もちろん心配することに労力を費やすのは、いら立たしいことです。とくに状況がちっとも〝危険〟ではないと分かったり、考えたことがすべて無駄だと分かったりしたときには。

しかし、事前にシミュレーションをしておくことにもたくさんのメリットがあります。

たとえば、完全に自分流のやり方で問題を解決したことに、上司が強い不満を覚えているのではないかと想像し、そのことについて一晩考えこんだとします。

しかし、実際には上司が自分を認めてくれていた場合、それまで多くの感情や思考を費やしてきたのを後悔するかもしれません。

ところが逆に、心配していた通り、上司が自分の仕事のやり方を批判的な目で見ていた場合は、どうでしょう。もしもの事態に備えていたおかげで、後悔するようなことをうっかり上司に言ってしまっていたり、大きなショックを受けたりするのを防げるかもしれません。

それどころか、長期的に見ると会社での立場にプラスに働くような、分別のある熟慮された方法で、上司の批判に応えることができるかもしれません。

上司やパートナーに不満を持っているのであれば、あらかじめさまざまな想定をしながら何をどのように伝えるとよいか考えることで、平和的に解決できます。

敏感な動物が行動に出る前に長く観察するように、前もって徹底的に考えることは、敏感な人の気質の一つだと強調しておきたいと思います。

神経が敏感な人が自分自身を慎重に扱うのは賢明です。たとえ、あとで杞憂だったと判明した場合でも。どうか自分自身に愛情を持って語りかけるのを忘れないでください。

もし、ささいなボタンの掛け違いが原因で、たとえば夜、眠れなくなるほど、考えすぎてしまうなら、誰かの助けを借りるとよいでしょう。

そのことについて話をする最適な相手が自分の周りにいるかもしれません。もしくは医師に話すか、専門のセラピストや心理士の助けを借りてもよいでしょう。

どこからが考えすぎか、自分で判断するのは難しいかもしれません。助けを借りなさすぎるよりは、借りすぎるほうがいいと私は考えます。

望めば、問題から抜けだす助けを借りられるかもしれないのに、一つの問題に苦しみ続けるのは、時間の無駄遣いです。その時間をよい人生を送るために使ったほうがずっと有益だと思いませんか?

実際には、敏感な人や内向的な人が、事前に結果を予想しようとするのは、たいてい、自分にとってだけでなく、他者にとって不快な状況になるのを避けようとするためです。

もしかしたら、大事な会話をする前に、たとえば次のような会話を心のなかでシミュレーションしているのかもしれません。

「向こうがこう言ってきたら、私はこう言おう。またこう返ってきたら、こう答えよう。それで相手が傷ついたら、たとえば彼のユーモアを私がいかに評価しているのか、いかに彼を快く思っているのか、伝えよう」

会話がどんな流れになるか予想する能力をみながみな持ち合わせているわけではありません。予想するには、思いやりと想像力の両方が必要です。もちろん、大げさな想像をしたり、他の人との接触の芽を摘んだりしてしまう場合もあるでしょう。でも本人や他者を不快な状況から救いだすこともありえます。

大事な会話をする前は、準備して臨むとよいでしょう。

会話にさまざまな感情が入り乱れれば、間違いなくひどく緩慢になり、ときに言葉をつまらせるかもしれません。そのため、前もってある程度、準備しておくとよいでしょう。

不快なコミュニケーションを回避する方法⑤

返答する前に、相手の意図を探りながら時間を稼ぐ

敏感な人や内向的な人の多くは、どんな行動をとるべきか、基準を高く設定しがちです。

相手の問いかけに、どれくらい素早く、礼儀正しく、正直に返答すべきかについても高い基準を持ってしまうと、焦って返事をしてしまい、後悔する事態になりかねません。

自分の気持ちを無視して誘いに乗り、家に戻ってから、「全然行きたくもないし、行っても何のメリットもないではないか」と、はっとさせられるのです。

このような後悔をしないために、相手の目的を引きだしながら、返答までの時間を稼ぐ方法があります。

たとえば、「日曜日、何するの？」と誰かに尋ねられた場合、正直に何をするか教

えることもあれば、「それは言えないんだ」と答えることもあるかもしれません。しかし、その前に、こう言ってみてください。

「どうして知りたいの？」

こう聞き返すことで、相手がなぜ日曜日に何をするか聞いてきたのかを探るのです。するとと相手はこう答えます。

「だって、日曜に会えれば楽しいだろうと思って」

こうして相手が自分を誘おうと思っているのかどうか知ることができます。

この方法は、「どうして子どもを作らないの？」などの答えにくいプライベートな質問をされた際にも使えます。

「どうして知りたいの？」「次に会うとき、話したかったら話すね」と答えればいいのです。

不快なコミュニケーションを回避する方法⑥

感情に説明責任はないと知る

しかし、⑤の方法が役に立たないときもあります。

私はよく、「感情的になっているときに、素早く反応するにはどうしたらいいでしょうか？」と尋ねられます。

敏感な人や内向的な人は、相手に嫌なことを言われたり、プレッシャーを感じたりすると、思考が遅くなり、ときには完全にフリーズして思考停止状態になってしまうことがあります。一つ例を挙げます。

一年半前、叔父から「深刻に受け止めるのはやめて、もっと楽しい人生を送ってはどうか」と言われました。

私は驚いて言葉を失い、話題を変えました。でも実は、私は傷ついていて、それ以来、叔父と一緒にいたくなくなりましたし、叔父の目をまったく見られなくなりました。叔父の視線を感じると、勝手に目をそらしてしまうのです。
そして、本当はその場で反応できなかった自分にも怒りを覚えています。

――カーリン（32歳）

相手の言っていることが、何か間違っていると感じたなら、自分で理解し、説明できるようになるまで待つ必要はありません。すぐに言葉にしていいのです。人は、自分の反応の意味を常に理解できるわけではありません。

自分で自分の感情を理解しないうちに、それを言葉にしてしまうと、相手から「どうして？」と聞かれたときに、説明が思いつかず、言い負かされてしまうのを恐れているのかもしれません。

そのような人は、常に自分には説明責任があると思ってしまっているのかもしれませんが、説明はまったく重要ではありません。説明とは、多かれ少なかれ、今どうしてそうなのか説明づけるために作り上げられた話です。何でも説明しないほうがずっとよいケースが大半です。

次のように前置きしてから伝えるとよいでしょう。

「自分でもなぜか分からないんだけど、私は○○と感じているの」

私たちが感じていることの大半は、奇妙で説明がつきません。単純に〝そうである〟だけなのです。

心を開いて、ありのままを伝えるのは、良質なコミュニケーションへの近道です。

自身の心の内側から湧いてくる言葉は、説明よりずっと強力で明確です。

「愛してる」を例にとると、この言葉は一言で十分で、「愛してる。君はとても賢いから」といった説明で、台無しになることもありますよね。

同じように、「あなたからそう言われて、いい気分はしなかった」という言葉は、それだけで十分で、説明などいらないのです。

ただし、前述のカーリンのように、その場ではどうしても自分の気持ちを言うことができなかった場合にも、心配する必要ありません。

たとえ数週間、数カ月、数年経っていようと、心の整理がついたとき、いつでも立ち返っていいのです。

ただし、そうすると、相手にこんな言葉を投げかけられるかもしれません。

「どうして今まで黙っていたの？　もっと早く言ってくれればよかったのに」

こんな風に言い返されたら、あなたはきっとショックを受けるでしょう。

そして、「何て言えばいいのか分からなかったから」と慌てて答えるかもしれません。

しかし、その場で言えなかったことをあとで言う権利に時効はありません。言うのが遅いからといって責められる謂《いわ》れはないのです。

敏感な人や内向的な人には、時間が必要です。私たちは正直でいたいですし、一緒にいる人も自分自身もいたわりたいのです。

私たちは、相手と一度でも不和が生じてしまうと、そのことを忘れるのは上手ではありません。それどころか、そのことが鮮明に心に残り続け、感情をかき乱されます。

もしも、何年も心にずっと引っかかっていることがあるなら、そのときに言えなかったことを今、言ってください。

たとえば、「このあいだのクリスマス・イブにあなたが言っていたことに私は同意できないし、今でも思いだして、腹が立ってしまうの」とか、「あなたを傷つけてしまったこと、申し訳なく思っているわ。ごめんね」というように。

それがポジティブなことであれネガティブなことであれ、そのことがいまだに頭に浮かんで離れないのであれば、口に出して言うのはよいことです。

ラクに生きるヒント—4

「不快なコミュニケーションを回避する」まとめ

［方法①］無駄な争いから降りる

［方法②］直接話さずに、メールや手紙で相手に気持ちを伝える

［方法③］どんな風に対応してほしいかを相手に伝える

［方法④］相手の反応を予測しておく

［方法⑤］返答する前に、相手の意図を探りながら時間を稼ぐ

［方法⑥］感情に説明責任はないと知る

ラクに生きるヒント—5

自分に正直な選択をする

敏感な人や内向的な人は、人にとても気を使うため、なかなか我を通すということをしません。パーティーに誘われて、本当は行きたくないのに、その場で断れずに参加して苦しい思いをしてしまう、ということもよくあります。

しかし、そのようなことを繰り返してばかりだと、どんどん疲弊して、ストレスが溜まるばかりです。自分の気持ちや意見をきっぱりと伝えることを習慣にしましょう。

自分に正直な選択をする方法①

他人の目を気にしない

母は私が眼鏡をかけるようになると、家を出る前に眼鏡が曇っていないか、必ず鏡でチェックしなさいと言うようになりました。

私はそのことを訝《いぶか》しく思い、なぜ家にいるときよりも外にいるときのほうが、よく見えなくてはならないのか、と考えました。それから数年経ち、母がなぜそう言ったのか分かりました。

母は、いつも自分や私がどう見られるかを気にしていたのです。隣人にどう思われるかが、母にとって大事な判断基準でした。母は、周りからどう見られるかを基準に人生の選択の多くをしてきたのです。

自分の心で感じ、信じることを追い求めるのでなく、周りから一番よく思われそうなことを追い求めてしまうのは、人がもっとも陥りやすい罠です。

自分が人からどう見られるか気にしすぎて、自分に対する誤った幻想を抱いてしまい、それにより信じられないほどの犠牲が支払われるのです。ときには、自分が人からどう見られるかを優先して、愛さえも犠牲にしてしまう人もいます。

レネは自分のことを愛してくれる男性を振りました。

自分より社会的地位が低く、格下の男性と結婚するのを恥ずかしく思ったからです。周囲から、ふさわしい男性を探せなかった問題ある女と思われるのが怖かったのです。

最悪の場合、このような選択を人生で何度もしてしまいかねません。

服を選ぶとき、自分自身がその服を好きかどうかではなく、他の人の目に正しく映るか、よく思われるかを基準にしてしまうなどです。仕事や趣味についても、自分が何をしたいか、意義のある体験をできるかどうかではなく、他の人に尊敬されるかどうかを考えて選ぶ人もいます。

他の人からの評価を恐れ、自分にとって一番よい選択をするのを避けた覚えはないでしょうか。おかしな人と思われたくなくて、一人旅するのをやめ、恋人や友人を連れて旅行したことがあるかもしれません。敏感な人や内向的な人のなかには、他の人と一緒に旅行するのが好きな人もいれば、次の例にでてくるカースティンのように、一人旅を好む人もたくさんいます。

一人旅が大好きです。旅の途中、会話する必要もないし、旅の相手に気兼ねすることなく、自由に自然や教会、コンサートを楽しむことができるからです。一人旅なら、自分のペースで好きなときに気の向くまま、行きたいところへ行けます。

一緒に旅行する相手がいないわけではありませんが、はじめて一人旅をして以来、いつの旅行も、一人で行きたいと思うようになりました。

――カースティン（55歳）

敏感な人や内向的な人にとって、突然、予定外の人が仲間に加わったり、最後の最後に計画を変えたりすることは喜ばしいことではありません。ただ、自分のそのときの気分に合わせて何をしたいかを決めるのは好きなのです。

もしもあなたが一人旅をしたいのに、一度もしたことがないのなら、やってみるべきでしょう。そうすれば、他の人が思う理想的な休暇の過ごし方をするのではなく、自分の心の声に従って動く練習ができます。

毎回、選択をするときに自分に問いかけてみてください。
「つい、他の人にどう思われるかばかりを意識してしまっていないだろうか？」
「他の人から変だと思われても、自分が正しいと思えることを選ぶ勇気があるか？」

自分に正直な選択をする方法②
自分とは違う人間を演じようとしない

贈り主が見ている前でプレゼントを開けるとき、相手を喜ばせようと、嬉しくてたまらないふりをした覚えはないでしょうか。

予期せぬタイミングで突然お客さんがやって来てしまってイライラしたけれど、その感情を隠したことはないでしょうか。
相手の話が退屈なのに、興味があるふりをしたり、疲れているのを隠そうとしたり、他の人と同じぐらい元気なふりをしたことはないでしょうか。

ある内向的なクライアントが、あるとき、私に次のように打ち明けてくれました。

私はよく「怒っているように見える」と言われます。なので今では、他の人といるとき、常に笑顔でいるように気を張るようになりました。

――セシーリエ（24歳）

たしかに、喜んでいるわけではないのに笑顔を作れる能力は、備えておくとよいものです。笑顔は、「あなたは大丈夫、私は優しい気持ちでいるわ」という合図にもなります。
でも長いあいだ、ずっと笑顔を保ち続けるのはあまりにもストレスです。自分の心に向き合って、本音を引きだすことにエネルギーを使ったほうがよいでしょう。

私の孫はプレゼントをもらうと、毛布をかぶって、そのなかで包みを開けます。孫のその行動は、実は私たち大人の多くもそうしたいのではないかと思います。顔を隠すことで、贈り主が期待するような表情を見せなくては、というプレッシャーを感じずにすみます。本来と違う自分を装うのには、信じられないほどのエネルギーが必要ですから、あとでツケが回って、疲労困憊してしまう場合が多いのです。

私たちはなぜ、そのときどきの自分の感情を、いつもそのまま表情に出さないのでしょう? なぜ疲れたときや退屈したとき、それをそのまま表情に出したり、顔をそむけたりしないのでしょう?

第一の理由は、諍いや衝突が起きたり、雰囲気が悪くなったりするのを避けたいからでしょう。また、他の人の気持ちを傷つけるリスクは負いたくないものです。

敏感な人の多くは、話し相手のキャパシティーを察知できるので、キャパシティーを超えそうだと思うと、言いたいことを言うのを我慢します。

それは単純に親切心からだけでなく、聞く耳を持たなかったり、ちゃんと理解してくれない相手に、真実を明かしたり、重要なことを伝えたりすることに、よい気分がしないからでもあります。

相手に同調してしまうのは、まったくの無意識の行動である場合もあります。自分のなかにある、他の人には対処できないし、理解もできない部分を閉じてしまっていることに気づきもしません。

相手は、あなたがとくに何も感じていないと勘違いしているのかもしれません。でも実際には、あなたは感じています。

そして、同じタイプの仲間と一緒にいるときには、心が奮い立ち、自身が知っていると分かっていなかった事柄について、話すことができるに違いありません。

もし、一緒にいる人たちから、強い影響を受けるタイプなら、慎重に友人を選び、自分らしくいられない相手と一緒にいることに無為に時間を費やすのはやめましょう。当然参加するだろうと期待されていることでも、断ってよいのです。

「飲み会やパーティーなどの誘いを断ったことに、罪悪感を覚えた」と言うクライアントの話を、しょっちゅう聞きます。

そういう人たちは、「どうして私は他の人と同じように喜んで、ただ、『うん、ありがとう』と言って誘いを受け入れて、人づき合いを楽しむことができないんだろう？」と自問自答してしまいます。

そこで私はその人たちに、こう尋ねます。

「どうして気乗りしない会に参加しなくてはならないのですか？」

これに対し、「誘ってくれた相手の顔を立てたいから」などさまざまな答えがありますが、参加しないと罪悪感を覚えるからという以外にとくにない人もいます。

そのような場合、「エネルギーを搾り取られるような会に参加し、大事な時間を費やすことによって罪悪感を払拭しようとするのでなく、その罪悪感を受け入れるようにしてはどうか」と提案します。

これまで、周囲からどう思われるのかを意識して自分の行動やあり方を合わせてきたのなら、今の自分は本来の自分からかけ離れているのかもしれません。

私たちは、自分のやり方で自分らしくいられるような内なる自由度を高める可能性を持ち合わせているのです。

第一に、重要な決断を下すときや、方針を決めるときなどに、自分の意識を自分の内側に向けることは自然なことです。

第二に、自分が幸福であるために、自分自身に向き合うのは大事なことです。

第三に、私たちは一人でいることを楽しむことができるので、他の人に頼ることはあまりありません。我が道を行くことを周囲の人がよしとせず、友人はとても少なくなって、一人で多くの時間を過ごすことになっても、きっと問題なく元気にやっていけるでしょう。

私たちが孤独と感じるのは、一人の時間が原因ではないのです。孤独をもっとも感じるのは、自分の考えや価値観を信じることよりも、他の人の意見に合わせて行動することを選んでしまい、自分自身をなおざりにするときなのです。

敏感な人や内向的な人にとって、自分の価値観に従って生きることは大切なことです。

他の人の方針に従うことで生じる不快感を抑えるのが上手ではないからです。相手の土俵から降りるときに、罪悪感を覚えないことも大事です。

自分に正直な選択をする方法③

罪悪感に心を支配されないようにする

みながみな、罪悪感を覚えるとは限りません。たとえば、サイコパスなどはその最たる例ですが、そうでなくても、過剰に罪悪感を抱く必要はないのです。

誕生日を忘れたり、待ち合わせに遅れたり、約束を守らなかったりしたとき、謝ろうとするのは、罪悪感を覚えるからです。このような場合は、罪悪感を持つのは賢明なことです。一言詫びて、今後気をつければよいのでしょう。

罪悪感は、「自分の目にも、他人の目にも明らかに間違ったことをした」という認識から生まれるものです。罪悪感を覚えるのは、健全なことなのかもしれません。私自身の体験をご紹介します。

レジに並んでいるとき、エキゾチックな容姿の男性が私のすぐ前に立っていました。彼はお金が20クローネ、足りないようでした。

私はお金をあげたかったのですが、不自然に思われないかと不安になり、外向的になれませんでした。そしてそのあとに、罪悪感を覚えました。自分の価値観に応じた行動がとれなかったのです。本当は助けたかったのに。

この場合は、罪悪感を持つのは、状況にふさわしいことです。

では、行きすぎた罪悪感を持つ例を示します。

スサンネはストレスで会社を休んでいました。翌週に控えている大事な仕事については、何とかなるから大丈夫と会社から言われていました。

しかし家族は、そのあいだ仕事に行かない代わりに、子どもの面倒を見たり、みんなで渡すプレゼントを買いに行ったりしないことに、理解を持ってはくれませんでした。彼女が無理だと断ると、家族は腹を立て、「もういい」と言いました。

スサンネは罪悪感を覚え、無理だと断ったのを家族にどう思われただろう、と心配になりました。裏切られたと思われたか、怒られているか。悪口を言われてやしないか。

これを聞いたあなたは、スサンネは自分のことより他の人に関心があるのだ、と思うかもしれません。長期的に見れば、みなにとって一番よいのは、できないことには「ノー」と言うことです。そうすることでスサンネは、ストレスを乗り越えて立ち直ることができ、喜んで助けの手を差しだせるようになると、彼女自身も分かっていました。

ところが、罪悪感と不安は、スサンネの心をかき乱しました。一人で家にいても心が落ち着かず、プレゼントを買いに、外に出ようと決めました。

スサンネは罪悪感に心を支配されるがままになっていました。療養期間は、家族がちゃんと家事を覚える絶好のチャンスだったかもしれないのに。スサンネは罪悪感に耐えられず、自分の首を絞めるような長期的には何のメリットにもならないことをしました。

敏感な人や内向的な人のなかには、行きすぎた罪悪感を覚えてしまう人もいます。完璧な娘、息子、母親、父親になれないと自分を責めます。

罪悪感は、ときに「他の人に怒られるのではないか」という恐怖と同時並行で発生します。そのため、しばしば謝ることで罰を避けようとします。「ごめんね」という言葉は、「どうか私の過ちを罰しないで」という意味合いを含んでいるのです。

私たちが抱く罪悪感は、実際には〝他の人からネガティブな感情を向けられることへの恐怖〟であると意識しましょう。

他の人からネガティブな感情を向けられることに耐えられず、自分自身の罪の意識にも耐えられないのなら、自分の身に火の粉が降りかかるのを避けようと、考えうることは何でもするでしょう。

ひょっとしたら、他の人に見つかる前に自分のあら探しをして、自分自身の不完全さを補うことに注力するという戦略や、〝周りの人に望まれているであろう自分〟でいようとする戦略をとるかもしれません。そして、その戦略が、罪悪感という不快な感情を避ける助けとなるよう望むのでしょう。

ところが、実際はその緊張感がかえって逆効果となり、気楽で心地よい心持ちから遠ざかることとなってしまうのです。

私は、ときどき一日を一人きりで過ごします。その日が来るのを、何日も前から待ち遠しく思います。

よくある過ごし方は、自然散策です。もしくは、お気に入りの音楽を聴きながら、アパートでだらだらくつろぎます。

でも、そういう日に限って、成人した娘が電話してきて、買い物をしてきてくれないかと頼んできます。体は「無理」と叫んでいるのに、つい「いいよ」と言ってしまいます。そう言わないと罪悪感を抱いてしまうからです。

――クラウス（58歳）

肝心なのは罪悪感を覚えることではなく、罪悪感をなくすために何をするかです。

そうしないと、他の人の期待に常に応えようとして過度にプレッシャーを感じ、自分がそもそも誰なのか、心の奥深くで何を望んでいるのかを完全に忘れてしまうことでしょう。

求められていることが、自分自身が欲していることより価値があったり、急を要していることだと感じた場合には、自分の欲求や願いに反した行動をとってもよいでしょう。しかし、罪悪感を抱きたくないがために自分の心の声を無視すれば、自分自身を信じられなくなり、疲弊するという悪循環に陥りかねません。そして、他の人が、あなたのボーダー・ラインを踏み越えるのを常に許してしまうようになるでしょう。

不安や恐怖と向き合えるのと同じく、罪悪感とも向き合えます。

不安障害の認知行動療法では、クライアントは何を恐れているか言うよう求められます。これは暴露療法と呼ばれるものです。暴露療法でクライアントは「恐怖の元となるものを避けるのをやめるように」と言われます。こうして、少しずつ自分をさらけだすのに慣れていきます。

罪悪感についても同じことが言えます。先ほどの例で、自分の計画を諦めるのではなく、「他に（自分自身との）約束があるから今日は手伝えない」と娘に言えば、クラウスは罪悪感を覚えるでしょう――そして、娘にどう思われるか心配で、その日一日、嫌な気分になるかもしれません。しかし、こうやって少しずつ、罪悪感に耐える練習をすることで、自分の望みを満たすことに慣れていくのです。さらに、自ら感じ取った限界を守ることは、自尊心が高まることにもつながります。「ノー」と言いやすくなるでしょう。

「ノー」と言ってしまい、慌てて謝ったり、走り回って相手の望みや期待に応えずに、自分の心の声を優先しようとするようになれば、はじめのうちは、周りの人たちはがっかりするでしょうし、自分自身も罪悪感を覚えるでしょう。

そんなときは自分自身にこう言ってあげてください。

「もう十分、罪悪感は抱いてきた。でも、何にもならなかった。罪悪感に慣れようとしてきたおかげで、他の人の思いより、自分にとって正しいと思えることを優先できるようになった」

自分に正直な選択をする方法④

自分自身の価値観に従う

自分自身の価値観に優先的に従うことが一番です。価値観とは、たとえば真実、愛、社会的弱者に対する思いやり、環境、信頼、自由などについて自分がどう考えるか、何を大切にするかです。

自分の価値観を知り、それをもとに人生をどう生きたいかを明確にするのは大事なことです。

パーティーが大好きで、もっと寛容な人になりたいと思うなら、考え事や空想にふけることなく、自分をさらけだして親しみやすいキャラクターでパーティーにいることが重要かもしれません。スポーツや絵画、音楽に才能があるなら、それらを深めることが大切かもしれません。我が子の幸福が何より大事なのかもしれません。自分の価値観について誰かと話し、その価値観を現実と合致させましょう。

もし、みんなに好かれる人になるのが大事と考えるなら、頑張りすぎてしまっている可能性があります。平均的なタイプであれば、出会う人の80％が好感を持ってくれますが、残りの20％は好感を持ってくれないものです。

自分にとって何が大事か、〝大事なことリスト〟として紙に書き留めておくとよいかもしれません。できればそれらの優先順位も書きましょう。

自分の価値観に従って選択したことで他の人から失望されるようなことがあったとしても、そのリストを見ることで、自分の意志の力をより強固なものへと変えられるでしょう。

たとえば、仲間からの誘いを断り、赤十字の集会に行くとします。自分がした決断について仲間からどう思われるのか考えると心配になるでしょう。そうしたら、〝大事なことリスト〟を取りだし、一番大切なものは何かを思いだすのです。

例として、カーレンの〝大事なことリスト〟をご紹介します。

1　子どもの近くにいられること
2　彫刻などの手仕事をすること
3　きょうだいや両親と一緒にいること
4　仕事ができるようになること
5　人としてちゃんとし、正直で誠実になり、現実を見る目を養うこと

――カーレン

カーレンは、妹からパーティーに招待されました。しかし、その招待を受けるか断るかは、カーレンにとって難しい選択でした。妹がとても来てほしがっているのが分かりましたし、妹を喜ばせたいとも思いました。しかし一方で、あまり行きたくはありませんでした。

そこで、カーレンは〝大事なことリスト〟を少し見てみると、楽に決断を下すことができました。

カーレンはパーティーを断って、彫刻を作り、子どもとも過ごしました。すると、

心が満たされ、自分の選択に満足できたのです。
ただ一方で、妹はカーレンが来てくれないことを悲しみ、カーレンは罪悪感を覚えました。しかし、意志は揺らぎませんでした。

期待されていることとは別のことをしたいと思ったときや、今の自分がしていることと自体が期待されているものとは違うと感じても、その期待に無理に応えようとせず、ありのままでいることで、人生に深く満足できるようになるのです。

自分に正直な選択をする方法⑤

相手とは違う意見でも恐れずに言う

敏感な人や一部の内向的な人は、相手と意見が合うときだけ、それを言う傾向があります。「ええ、私も知っています」とか、「私もそう思っていました」といった表現が好きです。

逆に、他の人が言っていることに覚えがなかったり、分からなかったり、意見が違ったりするときは、それを口に出しません。

このように同意したり、同じように考えたりしているふりをして、柔軟に相手に合わせることで、安心感を得ることができます。

なぜならば、他の人と自分が違うと感じたくなかったり、変な人だと思われて、周囲から避けられてしまうのではないかなどと恐れてしまうからです。

ですが、私たち一人ひとりがそれぞれの個性を持ったオンリーワンの存在であるのは、まさにその特異性のおかげなのです。

自分らしくいればいるほど、他人と違う存在となり、オリジナルの個性を持った人間としての存在感が増します。

そして、自分はどんな人間なのかを見せれば見せるほど、周囲もあなたのその個性を認識し、ありのまま受け入れられるようになり、自分らしく生きていくことができるようになります。

一緒にいる相手と違う意見を言ったり、違うことを望んだりしても、その人との関係性は、より深みがあり有益で、楽しいものとなるでしょう。

同調しないことに、リスクがありそうだったり、たんになかなか実践できそうになかったりするのであれば、小さなことから慣れていけばいいのです。

次に、自分でできるちょっとした練習法を紹介します。

ステップ1

「一番好きなのは何色？」など、小さなテーマを選んで質問します。

ステップ2

「あなたと私は色の好みが違う」と言います。

たとえば、「あなたは緑を好きなようだけど、私は青が好き」とか。

こうすることで少しずつ、相手と違った意見を持つことに、自然な感覚を持てるようになります。

そのうち、重要なトピックについても、「自分の意見はあなたと違う」と言える勇気がでてくるでしょう。

私はこれまでの人生の大半で、〝正しく〟あろうとしてきたため、疎外感を覚えたり、批判されたりせずにすみました。

他の人から距離を置かれてしまうのではないかと思う不安な面を、他人にも自分にも可能な限り隠してきました。

ありのままの自分を相手に見せるのをいとわなくなったことで、人づき合いが楽で、面白くなりました。

――ハンネ（40歳）

自分に正直な選択をする方法⑥

思いきって、自分の要求を堂々と伝える

自分の要求や願いを言葉にするとき、「〜する必要がある（need）」という表現を使うのと、「〜してもらいたい（would like）」という表現を使うのとでは意味が違ってきます。前者のほうが、より強い圧力を相手にかけることができます。なぜなら「必要」というのには、「それなしには生きていけない」というニュアンスが含まれるからです。

オフィスで、他の人が近くで電話していて、仕事に手がつかなくなってしまったとします。そこで上司のところに行って、その問題について話すことにしました。そんなとき、どう言えばよいのでしょうか？

「静かにしてもらう必要があるんです」
「静かにしていただきたいんです」

どちらを選ぶべきかは、どれだけ勇気があるか、上司にどれぐらい思いやりがあるかによります。

人を、自分の思い通りに行動させられるとは限りませんが、「必要」という表現を用いるなら問題ないでしょう。うるさくされると仕事の効率が下がってしまうのなら、それを相手に伝えるのは間違ったことではありません。

「必要」という表現を使ったときのほうが、断られるリスクは下がります。しかし、「〜してもらいたい」という表現を使うほうが、はるかに堂々とした印象になります。

この場合、自分自身の欲求を何が何でも通そうとする人には見えません。同僚がうるさいせいで仕事ができないのなら、それは上司にとっても非常に重要な問題だと思うべきなのです。

私の経験上、「〜してもらいたい」は、愛情に満ちた真の人間関係を築ける相手だったり、やってほしいことやほしくないことを、快く受け入れてくれる相手の場合に使える言葉でしょう。

一方、「〜する必要がある」は、相手があなたのそのままを受け入れてくれなかったり、かつてその望みを受け入れることに意欲的でなかったりした場合に、使える言葉です。このような場合には、強めにプレッシャーをかけてよいでしょう。

敏感な人や内向的な人のなかには、多数派と違った願いや望みを表明するのを不安に感じ、そんな自分であることをあえて説明したり謝ったりする人もいるでしょう。

それは必ずしも間違いではありませんが、ただ謝ったり説明したりするのではなく、〝何がしたいか〟〝何をしたくないか〟を言いさえすれば、相手をより尊重できるということを心に留めておきましょう。

たとえば、パーティーの誘いを受けたとします。そのときにどう返答するのがよいでしょうか。二つ例を挙げます。

「あなたが私を招待しようと思ってくれたのは嬉しいけど、残念ながら、パーティーには参加できないの。なぜかというと私はとても敏感で……」

「パーティーでは自分らしくいられないから行けないけれど、誘ってくれて嬉しい」

一つ目の返答は、自分の性格を説明することで、パーティーを断りました。これはよい解決策となることもあります。

でも、二つ目の返答のように、何が好きか、何が好きでないか言えば、尊厳も自信も保てると私は個人的に思っています。

イレーネのように、悪気のない嘘をついてやり過ごす人もいます。

最近、恋人のためにヴェンシュセルに引っ越しました。このとき、私は「刺激を受けすぎた」と言うのが不自然な気がして、「お腹が痛い」と言ってパーティーを早めに退散しました。

――イレーネ（58歳）

イレーネは内向的であるとはどういうことなのかを説明し、それによって早めに帰る理由を正直に伝えるという選択ができたはずです。

もしくは、たんに「疲れたから帰りたい」と言うこともできたはずですが、パーティーで何かトラブルがあったのではないかと勘ぐられてしまう可能性もあったでしょう。

そのため、ときには、こうした罪のない嘘はややこしさを避けるのに役立つのかもしれません。

ラクに生きるヒント―5

「自分に正直な選択をする」まとめ

[方法①] 他人の目を気にしない

[方法②] 自分とは違う人間を演じようとしない

[方法③] 罪悪感に心を支配されないようにする

[方法④] 自分自身の価値観に従う

[方法⑤] 相手とは違う意見でも恐れずに言う

[方法⑥] 思いきって、自分の要求を堂々と伝える

ラクに生きるヒント—6

自分の個性を快く受け入れる

敏感であることや内向的であることは、私たちの大事な個性の一つです。決して、自分からも他人からも否定されるべきことではありません。ただし、もし苦しいときがあれば、信頼できる周りの人や専門家に助けを借りてください。

敏感さや内向性によって得られた才能や能力を生かし、これからの人生を楽しみましょう。

自分の個性を快く受け入れる方法①

自分の性質を理解する

周りの人から、「もう少し素早く答えるように」「もっと自発的になったほうがいい」「外向的にふるまったほうがいい」などと言われた経験があるかもしれません。

そのようなことを言われ続けてきた人にとって、自分がどんなタイプかを知らされて、その性質について理解すると嬉しくなって、だんだんとありのままの自分でいることに心の平穏を見いだす勇気が持てるようになってきます。

それは、混乱とストレスのただなかで、自分らしくいることを許され、周囲の人からの「変われ」という圧力や善意からのアドバイスから自分を守る安住の地を見つけるかのようです。

そして、逆説的な話になりますが、こうして「自分は変わらなくていい」と思えるようになると、自分自身のよくないと思う点を変えられないか探求してみたくなるという作用もあるのです。

周りから変わらなくてはならないとプレッシャーをかけられなくなると、次の例のマリアのように、自分から変わりたいと思うようになることもあります。

私は何年もずっと家族やパートナーから「もっとポジティブに考えられるよう努力するべき」と言われてきました。ポジティブに考えることがどうしても大切なことに思えなかった私はいら立ち、この人たちは「私を変えようとしているんだ」と思っていました。

そんなある日、自分は内向的なのだと気づき、すべて腑に落ちました。そこで周りの人に、内向的な人についての本を読むよう頼みました。たしかに私にぴったり当てはまると思ったみんなは、私を理解してくれるようになりました。すると私もいつの間にか、自分についてネガティブに考えることがなくなりました。

それから二年後、新たな認識が生まれました。「ありのままの自分でいていいんだ、変わらなくていいんだ」と思えるようになったことで、逆に何か自分を変えられないか探求してみたいと思うようになったのです。

そして、職場で「自分もチームの一員なんだ」とちゃんと感じたいという思いが芽生えました。そこである日を境に、一念発起し、代替療法と心理療法の両方を受けるようになりました。

何が一番効いたのかは分かりませんが、今では同僚と一緒にいることをかなり楽しめるようになりました。

――マリア（38歳）

周囲からの期待に応えるためだけに、「変わりたい」「成長したい」と思える人はいません。

自分を変えるということは〝自分の核〟を失う恐れもあるので、恐怖や困難を覚えるでしょう。何かを変えて成長するには、その人自身が強い動機を持ち、変わることに何か利点がなくてはなりません。自分の性格がどのタイプに当てはまるか知ることには、まさに十分な利点があるのです。

あるがままの自分を受け入れるとは、永遠に休息したり、停滞することではありません。自分を受け入れ、休息し、あるがままにいる期間と、成長しようと努力する期間を交互に切り替えるようにするとよいでしょう。

何歳になっても、人生のあらゆる局面で、それぞれの可能性と困難があり、その都度、自分と向き合い、取り組んできた問題を新たな方法で乗り越える必要があります。

壁にぶつかったときに、「私に限界があるのは、自分が内向的で特別に敏感だからだ。だから私は日の当たらない道を生きていかなくてはならない」と考えてしまえば、人生には成長するチャンスがあるのに、それをみすみす逃してしまうことになります。

まったく変わらないものなどありません。私たちは一生、成長し続けます。人生のとある段階で解決できなかった問題も、別の段階に行ったときに動きだすことだってありえるのです。

自分の個性を快く受け入れる方法②

苦しいときは、専門家の助けを借りる

何に取り組み、どんな条件を受け入れるべきか、自分で評価するのは難しいかもしれません。出典は不明ですが、私はこの神への祈りが賢明で好きです。

神よ、
変わらないものを受け入れる心の平穏を
自分の限界に変化をもたらす勇気を
違いを見抜く知恵を
与えたまえ。

心理療法を受ければ解決できる問題なのに、適切な助けを求めず、苦しみ続けるのはもったいないことです。

心理療法の現場で、クライアントが「ささいな悩みなのに、わざわざ時間をとってもらっていいのだろうか」と恐縮するのをときどき目にします。

何十年も迷ってなかなか相談に来ない人がいるのが残念で仕方ありません。あまりに多くの人たちが、助けを求めるまでに長いあいだ、秘密を一人で抱えて苦しみ、ゆがんだ自己認識で心に負担をかけてしまっているのです。


多くの敏感な人や一部の内向的な人は、自分自身をネガティブにとらえています。他の人に過ちを見つけられる前に、自分で見つけておきたいがために、自分の性格を批判的な目で見てしまう傾向が多少はあるものです。しかし、自分をあまりにネガティブにとらえてしまって、毎日のように気分が重くなったり、疲労感や悲しみを長期間感じたりするのであれば、鬱かもしれません。

他人から悪く思われたり、恥をかくのを恐れ、社会から疎外されていると感じ、夜にほとんど眠れなかったり、ちょっとしたミスや行動で自分を責めてしまうなら、PTSDかもしれません。

鬱もＰＴＳＤも、心理療法でかなり改善します。

なかなか満足な人間関係を築けないのなら、それはたとえば過去に向き合わなかった悲しみが心の重圧になっていたり、トラウマがあって自覚している以上に心の負担になっていたりする可能性があります。


他の人から怒りを買うのを極端に恐れているなら、ＰＴＳＤかもしれないので、注意したほうがいいでしょう。

子どもの頃、誰かから暴力を受けたことはありませんか？　命を脅かされるような暴力である必要はありません。暴力は軽度のものであっても、深刻なトラウマの引き金となりうるのです。両親からしつけと称して叩かれたことはありませんか？　きょうだいは乱暴ではありませんでしたか？　学校でひどい暴力を受けたことはありませんか？

思いだすのも辛い体験を過去にしたことがあるなら、誰かに話すとよいでしょう。それがはばかられるなら、文字で書いて、見せましょう。

涙が溢れだすのは、よいことです。でもあまりに動揺してしまい、受け止め切れず、感情をコントロールできないなら、注意して様子を見るべきです。

基本的に誰もが「自分の両親はいい人で、幸せな子ども時代だった」と言いたいものです。受けた恐怖や痛み、遠い昔に欠けていたものを認められるようになるまでには長い年月がかかるものです。そのため、多くの人が、子ども時代はただただよかったと思い続けます。実際は、水が溢れそうか調べるために、水面を十分に揺らしたことなど一度もないのに。


私は、平和で守られた子ども時代を送ってきたと常に自分自身に言い聞かせてきました。

今、振り返ると、私たち一家は、苦労の多い子ども時代を送ってきた人たちを見下していたように思えます。たとえば父親は、「叔母が神経症なのは、不幸な子ども時代を送ったからだ」と言い、私は自分が叔母と同じカテゴリーの人間でないことを嬉しく思っていました。のちに、私は子ども時代が原因で、自分がときどき、気難しく、過敏に反応してしまうようになったと認めざるをえなくなりましたが。

今になって父ではなく自分自身の目線で振り返ると、叔母は神経質で不適切な反応を示す一方、類い稀な思慮深さや賢こさを備えていたことが分かります。

叔母は、分からないことを掘り下げるために深くに潜りこみ、理解しようとします。そのおかげで、相手の話に耳を傾けたり、他人の苦しみを理解する能力を身につけられたのではないかと思います。今では、自分が叔母と似ていると胸を張って言えます。

――インガー（61歳）

自分の歴史をしっかりと見つめ、自分や両親について新たな事実を見つけるのは、楽しくまた興味深い作業になるでしょう。同時に恐怖と悲しみの旅にもなりえます。また、新しい人生をよりよくする視点や知識を得られるかもしれません。

子ども時代に十分な支えがなかったなら、大人になった今、自分で自分を支え、自分を認めてあげればいいのです。

自分自身を愛するのが上手になれば、負の連鎖を断ち切ることができます。両親からきちんと保護してもらえなかった場合、あなたの両親自身も親からの保護を欠いていて、さらに遡ると、あなたの両親の両親もその両親から保護を受けていなかったことが考えられます。

こういう能力の欠如は、何世代にもわたり連鎖することがあります。このような世代間連鎖を断ち切る作業は、熱意と粘り強ささえあれば、一人でもなしえます。それをすることで、あとの世代によい影響を及ぼすことができるのです。

大きな問題に直面しながらも、支援を断る人もいます。

そういう人は心理療法士によって、本来の自分とは別の人間にされてしまうのではないかと恐れているのです。これは一部の心理療法士が敏感な人や内向的な人を、本人たちが自然にふるまうより、外向的にふるまうように促してしまうからです。

もしそういうことがあれば、別の心理療法士を見つけたほうがよいでしょう。心理学者や心理療法士には、それぞれ強みもあれば欠点もあります。心理療法を一度受けて、それが役に立たなかったからといって、「心理療法は自分には意味がない」と拒絶しないでください。

助けを求めるのがうまくなる前は、私の人生は意味もなく困難なものでした。あるとき、夢で死に神が着ているようなポンチョを着た人が、髪を振り乱し、暗やみと雨と強い風に逆らって歩いているのを見ました。

その頃の私の人生がまさにそうだったのです。今では私は助けを求め、他の人のところに寝床と暖を求めるのが上手になりました。

――アグネーテ（48歳）

自分の個性を快く受け入れる方法③

否定的な言葉で自分にレッテルを貼らない

敏感な人や内向的な人を形容する言葉の多くは、修正が必要です。不正確で否定的な言葉を投げかけられた覚えはないでしょうか。そうした言葉の例を挙げてみます。

・「社会性がない」――〝外向性〟がないだけで、〝社会性〟がないわけではない

敏感な人・内向的な人は、自分たちのことを「社会性がない」と言います。でも実際には社会性はあるのです。ただ、「社会的であること」と「外向的であること」を区別できていないだけです。

「外向性」は、社交の場に行きたがること。

「社会性」は、社会や福祉について我がことのように考えられること。

外向的な人にも、社会性がある人とない人がいます。同じことが内向的な人にも言えます。内向的な人が、社会的になることはできます。たとえば、家族と一緒に過ごすことにエネルギーをとっておくために、前日のパーティーを断るのは見方によっては社会性のある決断と言えます。

外向的な人のなかには、他の人に話すタイミングを譲らない人も多くいます。内向的な人のなかには、他人に関心がない人が多くいます。これら二つは、それぞれ社会性のなさの現れです。

エレイン・アーロンは、HSPは基本的に、極めて社会的な考え方をすると言っています。HSPはしばしば自分にこう問いかけます。「みんなが自分と同じようにし

たら、世界はどうなる？」――そしてその答えが、「心地よい場所になる」であることを望みます。

敏感な人や内向的な人は、自分自身について思考を巡らせるので、「自分のことしか考えていない自己中心的な人」ととらえられることがあります。

けれども、それは違います。そうした自分自身についてよく考える人は、周りに困っている人がいたら、すぐにそれを自分に引き寄せて考え、自分にこう問いかけます。

「この困った状況に自分も幾分、責任があるのではないか？　みんなが心地よく過ごせるようにするため、私に何ができるだろう？」

みんながこんな風に徹底的に考えるようになれば、世界の戦争や諍いは減るでしょう。

・「自己防衛しすぎ」――痛みを感じやすいだけ

敏感な人の多くは、「痛みを感じやすい自分は、もう少し我慢が必要だ」と思っています。

敏感な神経を持つがゆえに、痛みや寒さ・暑さを他の人より強く感じてしまうことは単なる努力では解決しにくいものです。

・「過敏」――とても敏感なだけ

「過敏」という言葉をよく耳にすると思いますが、その言葉にはその人が〝大げさすぎる〟かのようなニュアンスが入っています。

ＨＳＰはたしかにとても敏感ですが、「過敏」とは違います。

人はそれぞれ異なる敏感さを持って生まれます。人生経験によりその度合いが増すこともあります。過度に敏感な人も過小に敏感な人もいません。人は十人十色。あるがままでいれば、それでいいのです。

・「怠惰」――充電中または省エネモードなだけ

非常にエネルギッシュな人は、敏感な人や内向的な人がときに動きが緩慢になり、作業効率がよくないがために「怠惰」と見なします。ですが、充電中だったり省エネモードだったりするだけなのです。

・「他人と違う」――いけないことではない
敏感な人や内向的な人は、他の大多数の人たちと違った行動をとりがちです。

しかし、それはいけないことではないのです。違っているということは大きな強みにもなりえます。

・「諍いが嫌い」――対話と交渉を好むだけ
敏感な人や内向的な人のなかには、「怒りを表現する術を知ったほうがいい」と言われる人もいます。しかし、諍いに尻込みしがちな原因が、自分の怒りを表現したり、感じたりできないことであることは滅多にありません。

諍いよりも対話や交渉を好むだけです。争うぐらいなら、他のことに労力を費やしたいと思うため、ときに非常に柔軟な選択をしているのです。

・「弱い」――繊細ではあるが、弱いわけではない
「繊細な人」ととらえられる人も多いでしょう。私は、自分自身を「繊細」と表現

することに満足しています。

しかし、なかには、繊細さを「弱さ」と混同してネガティブにとらえている人もいます。もしあなたも自分のことを「弱い」と思ってしまっているのなら、自分に対して「繊細」という言葉は使わないようにしましょう。私たちは、厳格な倫理観を備え、深く意味のある精神世界で、独創的なアイディアや優れた共感力を持っているだけなのです。

・「退屈」——物事を深く考えているだけ

敏感な人や内向的な人は、しばしば口数が少なくなるために、「退屈な人」と思われてしまうこともあります。

でもそれは、ものを考えていないからではありませんし、何の意見も持っていないからではありません。ただ、発言権を得ようと他の人と競り合うのが耐えられないだけなのです。

そして、自分が言おうとしていることが、相手やその他の人のためになるかを熟慮します。ただしゃべりたいから、何かを言うことはまずなく、自分が言おうとしていることが他の人にとって重要かどうか確信が持てない場合、言葉を呑み込みます。

・「斜に構えている」――エネルギーが限られているだけ

コミュニケーションを避けようとする敏感な人や内向的な人を見て、「斜に構えている」とか「横柄」とか言う人もいます。

しかし、これはたんに刺激を受けすぎて頭を整理していたり、アイディアを考えるのに集中しているときに、コミュニケーションによって思考を断たれるのを好まないだけなのです。

敏感な人や内向的な人にとって、人とコミュニケーションをするためのエネルギーは限られているので、誰と過ごすか、優先順位を厳密に決めなくてはなりません。うまくやるには、骨休めをしたり、クリエイティブな活動に没頭したり、自然に触れたりする時間が必要なのです。

・「女々しい」――力だけが強さじゃない。別の類の勇気を持っている

女々しい人の対極の存在は「ヒーロー」だと思う人も多いでしょう。

ヒーローといえば、誰かを救うためなら生命の危険を脅かす状況にも果敢に飛び込む、筋肉ムキムキの強い男性を多くの人が思い浮かべるかもしれません。

しかし、疲れていても子どもたちにとってよい父親・母親であろうと頑張る人も、必要なときに自らの過ちを認めてちゃんと謝れる人も、私にとってはヒーローです。

勇気とは、自分の限界から目をそらさずに、自分の弱さと強さの両方に寄り添うことでもあるのです。

・「自己中心的」――内省的なだけで、他人の福利を慮る意識は強い

敏感な人や内向的な人には、C・G・ユングが「自我」と呼んだ自分の深層部と交信することがとくに大事です。

「神聖なもの」「守護神」「神霊」や精神的次元に触れる場所は、この自我のことです。また、自分を見つめるのも、自分が正しい道を歩んでいるのか感じるのも、この自我なのです。

内向的であることは、自分の興味あることだけに関心を示す自己陶酔した人ということではありません。それどころか、内向的な人の多くは、他の人の福利を慮るとい

った強い倫理観や価値観を持っています。

・「他人に興味がない」――功績には興味はないが、福利には関心を持っている

他の人の功績や成果にあまり興味がないことが多いです。あまり他の人が何をしたか聞きたがったりはしないでしょう。ですが、幸福に過ごせているかどうかなどには強い関心を持っています。

・「深刻にとらえすぎる」――物事を真剣に受け止めているだけ

敏感な人や内向的な人の多くはよく「深刻に受け止めないほうがいい」と周囲の人から言われます。

私自身も、物事をとても真剣に受け止めたり、しばしば文字通りに受け止めたりします。「元気？」と手紙やメールに書かれていると、私はそれを文字通りに受け止めて、相手が自分のことを心配しているのだから「私は大丈夫、こんなに元気にやってますよ」と長々と伝えて、相手を安心させなくてはいけないと思ってしまっていました。

長年の経験から今では、「ありがとう。元気よ」とか「あなたも元気？」などとシ

ンプルに返すようになりました。

とは言っても、「元気?」と聞いてきた相手が内向的か敏感ではないかを数秒考えるようにしています。もし、相手が敏感な人や内向的な人なら、その言葉通り、私が元気かどうか真剣に心配してくれていて、私が正直に答えるのを求めてくれているからです。

私が文字通りに受け止めすぎると他の人から思われる場面は、他にもあります。たとえば、相手がたんに会話のきっかけとして、「寒いですね」と言ってきたときです。そんなとき、私はすぐさま、「窓を閉めようか」「暖房の温度を上げようか」と周りを見回しはじめ、「セーターを貸してあげようか」と考えてしまいます。

敏感な人や内向的な人は、物事を少し軽く受け止める練習をするといいかもしれません。

ですが、すべての人が私たちと同じように世界や問題を真剣に受け止めていたら、多くの不幸が防げるかもしれないということも心に留めましょう。みんなが真剣に考えれば、多くの経済危機、気候変動、環境汚染を避けられるかもしれないのです。

ラクに生きるヒント―6

「自分の個性を快く受け入れる」まとめ

[方法①] 自分の性質を理解する

[方法②] 苦しいときは、専門家の助けを借りる

[方法③] 否定的な言葉で自分にレッテルを貼らない

あとがき

私の祖父は、1946年にトゥヴェアステッドという地域に移り住みました。そして、トゥヴェアステッド湖や小道、橋やベンチを作り、その地を人でにぎわうハイキング・スポットに変えました。

祖父は外向的で、湖に行けば必ず誰かとおしゃべりをして、家に招きました。湖のすぐそばにあった祖父の農園では、いつも誰かが気軽にコーヒーを飲み、電話を借りにやって来ました。祖父は相手が誰であろうと、歓迎しました。

一方、祖母は内向的な人でした。引っ込み思案で、あまりよく知らない人といるときはおとなしくしていました。雌鶏たちとは特別な関係を築いており、鶏小屋で鶏たちと話す祖母の声が、耳に残っています。鶏小屋のなかは調和と親しみの空気で満たされていました。

その反対に、突然、農場にお客さんがやって来たときの祖母の笑顔は、明らかにひきつっていました。

とくに洗濯や掃除に追われ、汚れたエプロンで髪の毛を振り乱して歩いているところに、元首相のイェンス・オットー・クラーグがリビングに入ってきたときの、笑顔のひきつり様といったらありませんでした。もちろん、祖父は稀有な素晴らしい訪問に大喜びでしたが。

祖父はみなの尊敬の対象でした。さまざまな人からスピーチをしょっちゅう頼まれ、毎回、素晴らしいスピーチをしてのけ、周囲から一目置かれる存在でした。祖父は気軽に人と交流できる類い稀なコミュニケーション能力の持ち主でした。

祖母は、湿っぽい人というネガティブな印象を持たれがちでした。リウマチがひどくなり、首を動かせなくなるなどしたこともあり、祖母は自分に合った望み通りの人生と、まったく別の道を歩まなくてはなりませんでした。

本人の望みやキャパシティーをはるかに超えた人づき合いを強いられる環境で、どうにか生き抜こうと苦闘するのがどんなに大変なことなのか、私たちの誰も気づけず、祖母のことを認めようとはしませんでした。今思うと、ずいぶん気の毒なことをしたものです。

祖父は教会に興味があり、トゥヴェアステッド教会評議会の会長を長年、務めました。そのため、私がはじめて教区を得たのは、祖父にとっても一大事でした。

祖父は私が牧師として勤めるジュアースランという地域にやって来ると、牧師館の庭に散歩へ行き、「おしゃべりできるよう、ここにベンチを作ってはどうか」と私に提案しました。

しかし、私はベンチでなく、庭と教会墓地のあいだにフェンスを作りました。内向的な私は、誰にも入ってきてほしくなかったのです。

実はジュアースランの教区牧師の仕事に応募したときの私は、自分が内向的だと気づいていませんでした。でもすぐに、「教区内で外向的にふるまうのが牧師のあるべき姿だ」という期待が、私のキャパシティーをはるかに超えていることに気づきました。

前任者は、信徒の誕生日にはいつも突然家を訪問して、「ごめんください、教区牧師です。誕生日おめでとう」とあいさつして回ったそうです。

私が同じことをしなかったもので、「前の牧師は来てくれたのに」とすぐに苦情が来ました。

私がヒーリング・グループを主催し、人々が魂の悲しみから抜けだすためのお手伝いを懸命にするようになってからも、教区牧師としてのその数年、誕生日を祝いに来なかったことをさまざまな人から責められました。

しかし、私は約束せずに突然人を訪ねることに、どうしても抵抗がありました。知らない人たちの輪に入らなくてはならないと思うと、体がこわばり、動きがぎこちなくなり、ようやく落ち着いて周りを見渡せる頃には、すでに数日分ものエネルギーを浪費してしまっていました。

「内向的」という概念に気づけたのは、またとない幸運でした。自分が怠け者なわけでも、間違っているわけでもないと知ることができたからです。

内向的な人にも、さまざまな才能がある。そう知れたことで、私は堂々と教区牧師という公職から退き、独立自営の心理療法士という不安定で未開拓の新しい道に、足を踏みだす勇気が持てました。

数年後、アメリカの心理学者のエレイン・アーロンがＨＳＰについて書いているのを読んだ私は、内向的という言葉以外で自分を理解したことで、〝私〟というものがさらに明確になるのが分かりました。

他の人と違うことを、恥ずかしく思う気持ちも解消されていきました。同じような人がいると知れてよかったですし、「マイペース」「自己中心的なエゴイスト」「怠け者」といった周囲からの私に対する見方は誤解だった、と確信したのです。

それ以来、他の人が自身の性格を知り、弱点ばかり気にせず、強みを認識することで自信を高める手助けをするのが、私のミッションとなりました。

この本が今はたとえば「怒りっぽい」「横柄」などととらえられることのある敏感

な人や内向的な人の助けとなり、必要なときに支えとなりますように――それが今の私の願いです。

デンマーク・ラディングより　イルセ・サン

謝辞

長年、さまざまな場で、興味深い話をしてくださった心理療法士で神学博士のベント・ファルクに感謝します。

セラピーで話をしてきた敏感な心を持つ方々、私の講演に来たり、講座に通ったりしてくださったみなさんに感謝します。とくに、ご自身の体験談を掲載するのを快諾してくださったみなさまにはこの場を借りてお礼を申し上げます。

何度もこの原稿を読んでくださり、私と議論してくださり、素晴らしいアドバイスをくださったコミュニケーション論博士で内向的な気質についての情報サイト、introvert.dkの運営者、マーチン・ホーストロップにも感謝します。

インスピレーションを与えてくださったマーギット・クリスチアンセン、リーネ・クルンプ・ホーステッド、キアステン・ダムゴー、ヤネット・セリリエ・リゴー、クリスティーネ・サン、クヌード・エリック・アナセンにも感謝します。あなたがたはそれぞれに、この本に寄与してくださいました。

参考文献

＊本文中の引用は本書の訳者による訳です。

『ささいなことにもすぐに「動揺」してしまうあなたへ。』
エレイン・N・アーロン／冨田香里・訳／SBクリエイティブ（2008年）

『ひといちばい敏感な子』
エレイン・N・アーロン／明橋大二・訳／1万年堂出版（2015年）

『敏感すぎてすぐ「恋」に動揺してしまうあなたへ。』
エレイン・N・アーロン／冨田香里・訳／講談社（2001年）

『我と汝・対話』
マルティン・ブーバー／田口義弘・訳／みすず書房（2014年）

『内向型人間の時代 社会を変える静かな人の力』
スーザン・ケイン／古草秀子・訳／講談社（2013年）

『タイプ論』
C・G・ユング／林道義・訳／みすず書房（1987年）

『内向型を強みにする』
マーティ・O・レイニー／務台夏子・訳／パンローリング（2013年）

『鈍感な世界に生きる敏感な人たち』
イルセ・サン／枇谷玲子・訳／ディスカヴァー・トゥエンティワン（2016年）
『心がつながるのが怖い――愛と自己防衛――』
イルセ・サン／枇谷玲子・訳／ディスカヴァー・トゥエンティワン（2017年）

デンマーク語の文献

Falk, Bent: *At være der,* hvor du er.Nyt Nordisk Forlag Arnold Busk 1996
Falk, Bent: *I virkeligheden.* Anis 2006
Frankl, Viktor: *Psykologi og Eksistens.* Gyldendal 1959
Grønkjær, Preben: *Forståelse fremmer samtalen.* Gyldendal 2004
Sand, Ilse: *Find nye veje i følelsernes labyrint.* Ammentorp 2011
Sand, Ilse: *Værktøj til hjælpsomme sjæle - især for særligt sensitive,* som hjælper professionelt eller privat. Ammentorp 2014
Skyggebjerg, Anna: *Introvert, stå ved dig selv.* Rosinante 2013
Toustrup, Jørn: *Autentisk nærvær i psykoterapi og i livet.* Dansk Psykologisk Forlag 2006

Wennerberg, Tor: *Selv og sammen. Om tilknytning og identitet i relationer.* Dansk Psykologisk Forlag 2015

英語の文献

Yalom, Irvin D: *Existential Psychotherapy*, Basic Books, 1980

Kagan, Jerome & Snidman, Nancy: *The Long Shadow of Temperament.* Belknap Press of Harvard University Press, 2004

Kagan, Jerome: *Galen's Prophecy*. Westview Press, 1994

敏感な人や内向的な人がラクに生きるヒント

発行日　2018年6月15日　第1刷
　　　　2020年3月11日　第2刷

Author　イルセ・サン

Translator　枇谷玲子

Book Designer　三木俊一+守屋圭（文京図案室）

Publication　株式会社ディスカヴァー・トゥエンティワン
〒102-0093 東京都千代田区平河町2-16-1 平河町森タワー11F
TEL 03-3237-8321（代表）
FAX 03-3237-8323
http://www.d21.co.jp

Publisher　谷口奈緒美

Editor　木下千尋

Publishing Company
蛯原昇　千葉正幸　梅本翔太　古矢薫　青木翔平　岩﨑麻衣
大竹朝子　小木曽礼丈　小田孝文　小山怜那　川島理　越野志絵良
佐竹祐哉　佐藤淳基　佐藤昌幸　直林実咲　橋本莉奈　原典宏
廣内悠理　三角真穂　宮田有利子　渡辺基志　井澤徳子　俵敬子
藤井かおり　藤井多穂子　町田加奈子

Digital Commerce Company
谷口奈緒美　飯田智樹　安永智洋　大山聡子　岡本典子　早水真吾
磯部隆　伊東佑真　倉田華　榊原僚　佐々木玲奈　佐藤サラ圭
庄司知世　杉田彰子　高橋雛乃　辰巳佳衣　谷中卓　中島俊平
西川なつか　野﨑竜海　野中保奈美　林拓馬　林秀樹　牧野類
松石悠　三谷祐一　三輪真也　安永姫菜　中澤泰宏　王廳
倉次みのり　滝口景太郎

Business Solution Company
蛯原昇　志摩晃司　野村美紀　藤田浩芳　南健一

Business Platform Group
大星多聞　小関勝則　堀部直人　小田木もも　斎藤悠人　山中麻吏
福田章平　伊藤香　葛目美枝子　鈴木洋子

Company Design Group
松原史与志　井筒浩　井上竜之介　岡村浩明　奥田千晶　田中亜紀
福永友紀　山田諭志　池田望　石光まゆ子　石橋佐知子　川本寛子
丸山香織　宮崎陽子

Proofreader　文字工房燦光

DTP　アーティザンカンパニー株式会社

Printing　中央精版印刷株式会社

Cover Photo ©visual supple/amanaimages

・定価はカバーに表示してあります。本書の無断転載・複写は、著作権法上での例外を除き禁じられています。インターネット、モバイル等の電子メディアにおける無断転載ならびに第三者によるスキャンやデジタル化もこれに準じます。
・乱丁・落丁本はお取り替えいたしますので、小社「不良品交換係」まで着払いにてお送りください。

ISBN978-4-7993-2310-6
©Discover21 Inc., 2018, Printed in Japan.